Meine Desillusionierung in Russland

Emma Goldman

Writat

Diese Ausgabe erschien im Jahr 2024

ISBN: 9789359947013

Herausgegeben von
Writat
E-Mail: info@writat.com

Inhalt

VORWORT

Die Entscheidung, meine Erfahrungen, Beobachtungen und Reaktionen während meines Aufenthalts in Russland aufzuzeichnen, hatte ich schon lange getroffen, bevor ich daran dachte, das Land zu verlassen. Tatsächlich war das mein Hauptgrund, dieses tragisch heroische Land zu verlassen.

Die Stärksten unter uns geben einen lang gehegten Traum nur ungern auf. Ich war nach Russland gekommen, besessen von der Hoffnung, ein neugeborenes Land vorzufinden, dessen Volk sich ganz der großen, wenn auch sehr schwierigen Aufgabe des revolutionären Wiederaufbaus verschrieben hatte. Und ich hatte inbrünstig gehofft, ein aktiver Teil dieser inspirierenden Arbeit werden zu können.

Die Realität in Russland erschien mir grotesk, ganz anders als das große Ideal, das mich auf dem Gipfel großer Hoffnungen in das Land der Verheißung getragen hatte. Es dauerte fünfzehn lange Monate, bis ich mich zurechtfand. Jeder Tag, jede Woche, jeder Monat fügte der fatalen Kette, die mein geliebtes Gebäude zum Einsturz brachte, neue Glieder hinzu. Ich kämpfte verzweifelt gegen die Ernüchterung an. Lange Zeit kämpfte ich gegen die leise Stimme in mir an, die mich drängte, den überwältigenden Tatsachen ins Auge zu blicken. Ich wollte und konnte nicht aufgeben.

Dann kam Kronstadt. Es war der letzte Schock. Es vollendete die schreckliche Erkenntnis, dass die russische Revolution vorbei war.

Ich sah den bolschewistischen Staat vor mir, der jede konstruktive revolutionäre Anstrengung zunichtemachte, alles unterdrückte, entwürdigte und zersetzte. Da ich weder in der Lage noch gewillt war, ein Rädchen in dieser finsteren Maschine zu werden, und mir bewusst war, dass ich Russland und seinem Volk keinen praktischen Nutzen bringen würde, beschloss ich, das Land zu verlassen. Sobald ich das Land verlassen hatte, wollte ich die Geschichte meines zweijährigen Aufenthalts in Russland ehrlich, offen und so objektiv wie nur irgend möglich erzählen.

Ich verließ die Universität im Dezember 1921. Ich hätte damals, noch frisch unter dem Eindruck dieser grauenhaften Erfahrung, schreiben können. Aber ich wartete vier Monate, bevor ich mich dazu durchringen konnte, eine Artikelserie zu schreiben. Ich wartete weitere vier Monate, bevor ich mit dem vorliegenden Band begann.

Ich behaupte nicht, eine Geschichte zu schreiben. Fünfzig oder hundert Jahre von den Ereignissen entfernt, die er beschreibt, mag der Historiker objektiv erscheinen. Aber wahre Geschichte ist keine Ansammlung bloßer Daten. Sie ist wertlos ohne das menschliche Element, das der Historiker zwangsläufig aus den Schriften der Zeitgenossen der betreffenden Ereignisse gewinnt. Es sind die persönlichen Reaktionen der Teilnehmer und Beobachter, die der gesamten Geschichte Vitalität verleihen und sie lebendig und lebendig machen. So wurden zahlreiche Geschichten über die Französische Revolution geschrieben; doch nur sehr wenige sind wahr und überzeugend und erhellend in dem Ausmaß, in dem der Historiker sein Thema durch das Medium der menschlichen Dokumente der Zeitgenossen dieser Zeit *empfunden hat.*

Ich selbst – und ich glaube, die meisten Geschichtsstudenten – haben die Große Französische Revolution aus den Briefen und Tagebüchern von Zeitgenossen wie Mme. Roland, Mirabeau und anderen Augenzeugen viel lebendiger gespürt und visualisiert als aus den Berichten der sogenannten objektiven Historiker. Durch einen seltsamen Zufall gelangte ich während der kritischsten Phase meiner Russlanderfahrung in die Hände eines Bandes mit Briefen, die während der Französischen Revolution geschrieben und von dem fähigen deutschen anarchistischen Publizisten Gustav Landauer zusammengestellt worden waren. Ich las sie, während ich hörte, wie die bolschewistische Artillerie mit dem Beschuss der Kronstädter Rebellen begann. Diese Briefe gaben mir einen äußerst lebendigen Einblick in die Ereignisse der Französischen Revolution. Wie nie zuvor machten sie mir bewusst, dass das bolschewistische Regime in Russland im Großen und Ganzen eine bedeutende Kopie dessen war, was sich mehr als ein Jahrhundert zuvor in Frankreich ereignet hatte.

Große Interpreten der Französischen Revolution wie Thomas Carlyle und Peter Kropotkin bezogen ihr Verständnis und ihre Inspiration aus den menschlichen Aufzeichnungen jener Zeit. In ähnlicher Weise werden die künftigen Historiker der Großen Russischen Revolution - wenn sie wahre Geschichte schreiben und nicht nur Fakten zusammentragen wollen - auf die Eindrücke und Reaktionen derjenigen zurückgreifen, die die Russische Revolution miterlebt, das Elend und die Not des Volkes geteilt und das tragische Panorama in seiner täglichen Entfaltung selbst miterlebt oder miterlebt haben.

Während meines Aufenthalts in Russland hatte ich keine genaue Vorstellung davon, wie viel bereits über die russische Revolution geschrieben worden war. Aber die wenigen Bücher, die ich gelegentlich erhielt, erschienen mir als höchst unzureichend. Sie waren von Leuten geschrieben, die keine unmittelbare Kenntnis der Situation hatten, und waren bedauerlich oberflächlich. Einige der Autoren hatten zwei Wochen bis zwei Monate in Russland verbracht, beherrschten die Landessprache nicht und wurden in den meisten Fällen von offiziellen Führern und Dolmetschern begleitet. Ich beziehe mich hier nicht auf die Autoren, die innerhalb und außerhalb Russlands die Rolle bolschewistischer Hoffunktionäre spielen. Sie sind eine

Klasse für sich. Mit ihnen befasse ich mich im Kapitel über die „Handelsreisenden der Revolution". Dabei denke ich an die aufrichtigen Freunde der russischen Revolution. Die Arbeit der meisten von ihnen hat zu unermesslichem Durcheinander und Unheil geführt. Sie haben dazu beigetragen, den Mythos aufrechtzuerhalten, dass die Bolschewiki und die Revolution gleichbedeutend sind. Doch nichts ist ferner von der Wahrheit.

Die *eigentliche* russische Revolution fand in den Sommermonaten des Jahres 1917 statt. Während dieser Zeit nahmen die Bauern das Land in Besitz, die Arbeiter die Fabriken und zeigten damit, dass sie die Bedeutung der sozialen Revolution gut kannten. Die Oktoberrevolution war der krönende Abschluss der sechs Monate zuvor begonnenen Arbeit. In dem großen Aufstand nahmen die Bolschewiki die Stimme des Volkes ein. Sie kleideten sich in das Agrarprogramm der Sozialrevolutionäre und die Industrietaktik der Anarchisten. Aber nachdem die Flut der revolutionären Begeisterung sie an die Macht gebracht hatte, warfen die Bolschewiki ihre falschen Fahnen ab. Zu diesem Zeitpunkt begann die geistige Trennung zwischen den Bolschewiki und der russischen Revolution. Mit jedem Tag wurde die Kluft größer, ihre Interessen widersprüchlicher. Heute ist es keine Übertreibung zu sagen, dass die Bolschewiki die Erzfeinde der russischen Revolution sind.

Aberglaube ist schwer auszurotten. Im Falle dieses modernen Aberglaubens ist der Prozess doppelt so schwer, weil verschiedene Faktoren zusammenwirken, um künstliche Beatmung zu verabreichen. Internationale Interventionen, die Blockade und die sehr wirksame Weltpropaganda der Kommunistischen Partei haben den bolschewistischen Mythos am Leben erhalten. Sogar die schreckliche Hungersnot wird zu diesem Zweck ausgenutzt.

Wie stark der Aberglaube ist, weiß ich aus eigener Erfahrung. Ich wusste immer, dass die Bolschewiki Marxisten sind. Dreißig Jahre lang bekämpfte ich die marxistische Theorie als kalte, mechanistische, versklavende Formel. In Pamphleten, Vorträgen und Debatten argumentierte ich dagegen. Ich wusste daher, was man von den Bolschewiki erwarten konnte. Aber der Angriff der Alliierten auf sie machte sie zum Symbol der russischen Revolution und veranlasste mich, sie zu verteidigen.

Von November 1917 bis Februar 1918, als ich wegen meiner Haltung gegen den Krieg auf Kaution freigelassen war, bereiste ich Amerika zur Verteidigung der Bolschewiki. Ich veröffentlichte eine Broschüre zur Erläuterung der russischen Revolution und zur Rechtfertigung der Bolschewiki. Ich verteidigte sie, weil sie *in der Praxis* den Geist der Revolution verkörperten, trotz ihres theoretischen Marxismus. Meine damalige Haltung ihnen gegenüber wird in den folgenden Passagen meiner Broschüre „Die Wahrheit über die Bolschewiki" charakterisiert: [1]

Die russische Revolution ist in mehr als einer Hinsicht ein Wunder. Neben anderen außerordentlichen Paradoxien zeigt sie das Phänomen, dass die marxistischen Sozialdemokraten Lenin und Trotzki die anarchistische revolutionäre Taktik übernehmen, während die Anarchisten Kropotkin, Tscherkessow und Tschaikowski diese Taktiken ablehnen und in marxistisches Denken verfallen, das sie ihr Leben lang als „deutsche Metaphysik" zurückgewiesen hatten.

Die Bolschewiki von 1903 waren zwar Revolutionäre, hielten aber an der marxistischen Doktrin fest, wonach die Industrialisierung Russlands und die historische Mission der Bourgeoisie ein notwendiger Entwicklungsprozess sein müssten, bevor die russischen Massen zu ihrem Recht kommen könnten. Die Bolschewiki von 1917 glaubten nicht mehr an die vorherbestimmte Funktion der Bourgeoisie. Sie wurden von den Wogen der Revolution zu dem Standpunkt getrieben, den die Anarchisten seit Bakunin vertreten; nämlich, dass die Massen, sobald sie sich ihrer wirtschaftlichen Macht bewusst werden, ihre eigene Geschichte machen und nicht an Traditionen und Prozesse einer toten Vergangenheit gebunden sein müssen, die wie Geheimverträge an einem runden Tisch geschlossen und nicht vom Leben selbst diktiert werden.

1918 besuchte Madame Breshkovsky die Vereinigten Staaten und begann ihren Feldzug gegen die Bolschewiki. Ich saß damals im Gefängnis von Missouri. Betrübt und schockiert über die Arbeit der „Kleinen Großmutter der russischen Revolution" schrieb ich ihr und flehte sie an, sich zu besinnen und die Sache, der sie ihr Leben gewidmet hatte, nicht zu verraten. Bei dieser Gelegenheit betonte ich die Tatsache, dass wir zwar theoretisch nicht mit den Bolschewiki übereinstimmten, aber dennoch in der Verteidigung der Revolution mit ihnen einig sein sollten.

Als die Gerichte des Staates New York die betrügerischen Methoden bestätigten, mit denen ich entmündigt und meine amerikanische Staatsbürgerschaft, die ich seit 32 Jahren innehatte, wiedergutgemacht wurde, verzichtete ich auf mein Recht auf Berufung, um nach Russland zurückkehren und bei dem großen Werk helfen zu können. Ich glaubte fest daran, dass die Bolschewisten die Revolution vorantrieben und sich für das Volk einsetzten. Mehr als ein Jahr nach meiner Ankunft in Russland hielt ich an meinem Glauben und meiner Überzeugung fest.

Beobachtungen und Studien, ausgedehnte Reisen durch verschiedene Teile des Landes, Begegnungen mit jeder Schattierung politischer Meinungen und jeder Art von Freund und Feind der Bolschewiken – all das überzeugte mich von der grausamen Täuschung, die der Welt aufgezwungen wurde.

Ich beziehe mich auf diese Umstände, um deutlich zu machen, dass mein Sinnes- und Meinungswandel ein schmerzhafter und schwieriger Prozess war und dass ich mich letztlich nur deshalb dazu entschlossen habe, meine Meinung zu äußern, damit die Menschen überall lernen, zwischen den Bolschewisten und der Russischen Revolution zu unterscheiden.

Die herkömmliche Auffassung von Dankbarkeit besteht darin, dass man diejenigen, die einem Freundlichkeit erwiesen haben, nicht kritisieren darf. Dank dieser Vorstellung versklaven Eltern ihre Kinder wirksamer als durch brutale Behandlung; und Freunde tyrannisieren sich gegenseitig. Tatsächlich werden heutzutage alle menschlichen Beziehungen durch diese schädliche Vorstellung verdorben.

Manche Leute haben mir meine kritische Haltung gegenüber den Bolschewiki vorgeworfen. „Wie undankbar, die kommunistische Regierung anzugreifen, nachdem sie in Russland so gastfreundlich und freundlich behandelt wurde", rufen sie empört aus. Ich will nicht leugnen, dass ich während meiner Zeit in Russland Vorteile erhalten habe. Ich hätte noch viel mehr erhalten können, wenn ich bereit gewesen wäre, den Machthabern zu dienen. Genau dieser Umstand hat es mir so schwer gemacht, mich gegen die Übel auszusprechen, die ich Tag für Tag sah. Aber schließlich wurde mir klar, dass Schweigen tatsächlich ein Zeichen der Zustimmung ist. Hätte ich den Verrat an der russischen Revolution nicht angeprangert, hätte ich mich an diesem Verrat beteiligt. Die Revolution und das Wohlergehen der Massen in und außerhalb Russlands sind mir viel zu wichtig, als dass ich zulassen könnte, dass persönliche Rücksichtnahme auf die Kommunisten, die ich kennengelernt und zu respektieren gelernt habe, mein Gefühl für Gerechtigkeit trübt und mich davon abhält, der Welt meine zweijährige Erfahrung in Russland mitzuteilen.

In bestimmten Kreisen werden zweifellos Einwände erhoben, weil ich keine Namen der Personen genannt habe, die ich zitiere. Manche könnten diese Tatsache sogar ausnutzen, um meine Glaubwürdigkeit zu diskreditieren. Aber ich ziehe es vor, mich damit auseinanderzusetzen, anstatt irgendjemanden der Gnade der Tscheka auszuliefern, was unvermeidlich wäre, wenn ich die Namen der Kommunisten oder Nichtkommunisten preisgeben würde, die sich frei fühlten, mit mir zu sprechen. Diejenigen, die mit der tatsächlichen Situation in Russland vertraut sind und nicht unter dem hypnotischen Einfluss des bolschewistischen Aberglaubens stehen oder im Dienst der Kommunisten stehen, werden mir bestätigen, dass ich ein wahres

Bild wiedergegeben habe. Der Rest der Welt wird es zu gegebener Zeit lernen.

Freunde, deren Meinung ich schätze, waren so nett, anzudeuten, dass mein Streit mit den Bolschewiki eher auf meine Sozialphilosophie zurückzuführen sei als auf das Versagen des bolschewistischen Regimes. Als Anarchist, behaupten sie, würde ich natürlich auf der Bedeutung des Individuums und der persönlichen Freiheit bestehen, aber in der revolutionären Periode müssen beide dem Wohl des Ganzen untergeordnet werden. Andere Freunde weisen darauf hin, dass Zerstörung, Gewalt und Terrorismus unvermeidliche Faktoren einer Revolution sind. Als Revolutionär, sagen sie, könne ich die von den Bolschewiki praktizierte Gewalt nicht konsequent ablehnen.

Beide Kritikpunkte wären berechtigt, wenn ich mit der Erwartung nach Russland gekommen wäre, den Anarchismus verwirklicht vorzufinden, oder wenn ich behaupten würde, dass Revolutionen friedlich durchgeführt werden können. Für mich war der Anarchismus nie eine mechanistische Ordnung sozialer Beziehungen, die dem Menschen durch politische Veränderungen oder durch die Übertragung der Macht von einer sozialen Klasse auf eine andere aufgezwungen werden kann. Für mich war und ist der Anarchismus nicht das Kind der Zerstörung, sondern des Aufbaus – das Ergebnis des Wachstums und der Entwicklung der bewussten kreativen sozialen Bemühungen eines erneuerten Volkes. Ich erwarte daher nicht, dass der Anarchismus in die unmittelbaren Fußstapfen jahrhundertelanger Despotie und Unterwerfung tritt. Und ich habe sicherlich nicht erwartet, dass er durch die marxistische Theorie eingeleitet wird.

Ich hoffte jedoch, in Russland zumindest die Anfänge der sozialen Veränderungen zu finden, für die die Revolution gekämpft hatte. Nicht das Schicksal des Einzelnen war mein Hauptanliegen als Revolutionär. Ich wäre zufrieden gewesen, wenn die russischen Arbeiter und Bauern als Ganzes durch das bolschewistische Regime wesentliche soziale Verbesserungen erfahren hätten.

Zwei Jahre ernsthaften Studiums, Nachforschungen und Forschungen überzeugten mich davon, dass die großen Vorteile, die der Bolschewismus dem russischen Volk gebracht hat, nur auf dem Papier existieren und den Massen Europas und Amerikas durch wirksame bolschewistische Propaganda in leuchtenden Farben vorgegaukelt werden. Als Werbezauberer übertreffen die Bolschewisten alles, was die Welt je zuvor gekannt hat. Aber in Wirklichkeit hat das russische Volk durch das bolschewistische Experiment nichts gewonnen. Sicher, die Bauern haben das Land; nicht durch die Gnade der Bolschewisten, sondern durch ihre eigenen direkten Anstrengungen, die lange vor der Oktoberwende in Gang gesetzt wurden.

Dass die Bauern das Land behalten konnten, ist hauptsächlich der statischen slawischen Zähigkeit zu verdanken; aufgrund der Tatsache, dass sie den bei weitem größten Teil der Bevölkerung ausmachen und tief im Boden verwurzelt sind, konnten sie nicht so leicht davon losgerissen werden wie die Arbeiter von ihren Produktionsmitteln.

Die russischen Arbeiter griffen ebenso wie die Bauern zu direkten Aktionen. Sie übernahmen die Kontrolle über die Fabriken, gründeten ihre eigenen Betriebsräte und kontrollierten faktisch das Wirtschaftsleben Russlands. Doch bald wurden sie ihrer Macht beraubt und unter das industrielle Joch des bolschewistischen Staates gestellt. Das russische Proletariat wurde zur Sklaverei. Es wurde unterdrückt und im Namen von etwas ausgebeutet, das ihm später Komfort, Licht und Wärme bringen sollte. So sehr ich mich auch bemühte, ich konnte nirgends Beweise dafür finden, dass die Arbeiter oder die Bauern vom bolschewistischen Regime profitiert hätten.

Andererseits fand ich den revolutionären Glauben des Volkes gebrochen, den Geist der Solidarität zerstört, die Bedeutung von Kameradschaft und gegenseitiger Hilfsbereitschaft entstellt. Man muss in Russland gelebt haben, nah am Alltagsleben des Volkes; man muss seine völlige Desillusionierung und Verzweiflung gesehen und gespürt haben, um die zerstörerische Wirkung der bolschewistischen Prinzipien und Methoden voll zu begreifen – die alles zersetzte, was einst der Stolz und Ruhm des revolutionären Russlands war.

Das Argument, dass Zerstörung und Terror Teil einer Revolution sind, bestreite ich nicht. Ich weiß, dass in der Vergangenheit jede große politische und soziale Veränderung Gewalt erforderte. Amerika stünde vielleicht noch immer unter dem Joch der Briten, wenn es nicht die heroischen Kolonisten gegeben hätte, die es wagten, der britischen Tyrannei mit Waffengewalt entgegenzutreten. Die Sklaverei der Schwarzen wäre in den Vereinigten Staaten vielleicht noch immer eine legalisierte Institution, wenn es nicht den militanten Geist der John Browns gegeben hätte. Ich habe nie bestritten, dass Gewalt unvermeidlich ist, und ich bestreite dies auch jetzt nicht. Doch es ist eine Sache, Gewalt im Kampf als Mittel der Verteidigung einzusetzen. Es ist eine ganz andere Sache, den Terrorismus zum Prinzip zu machen, ihn zu institutionalisieren und ihm den wichtigsten Platz im sozialen Kampf zuzuweisen. Ein solcher Terrorismus erzeugt Konterrevolution und wird wiederum selbst konterrevolutionär.

Selten wurde eine Revolution mit so wenig Gewalt geführt wie die Russische Revolution. Auch hätte es keinen Roten Terror gegeben, wenn das Volk und die kulturellen Kräfte die Kontrolle über die Revolution behalten hätten. Dies zeigte sich im Geist der Kameradschaft und Solidarität, der in den ersten Monaten nach der Oktoberrevolution in ganz Russland herrschte. Aber eine unbedeutende Minderheit, die einen absoluten Staat errichten will, wird zwangsläufig zu Unterdrückung und Terrorismus getrieben.

Von Seiten der Kommunisten gibt es noch einen weiteren Einwand gegen meine Kritik. Russland befinde sich im Streik, sagen sie, und es sei unethisch, wenn sich ein Revolutionär gegen die Arbeiter verbünde, wenn diese gegen ihre Herren streiken. Das ist reine Demagogie, die von den Bolschewiki praktiziert wird, um Kritik zum Schweigen zu bringen.

Es ist nicht wahr, dass das russische Volk streikt. Im Gegenteil, die Wahrheit ist, dass das russische Volk *ausgesperrt wurde* und dass der bolschewistische Staat – selbst als bürgerlicher Industrieherr – Schwert und Gewehr einsetzt, um das Volk fernzuhalten. Im Falle der Bolschewiki wird diese Tyrannei durch einen weltbewegenden Slogan maskiert: So ist es ihnen gelungen, die Massen zu blenden. Nur weil ich ein Revolutionär bin, weigere ich mich, mich auf die Seite der herrschenden Klasse zu stellen, die in Russland Kommunistische Partei genannt wird.

Bis zum Ende meiner Tage wird mein Platz bei den Enterbten und Unterdrückten sein. Es ist mir gleichgültig, ob im Kreml oder in einem anderen Sitz der Mächtigen Tyrannei herrscht. Ich konnte nichts für das leidende Russland tun, solange ich in diesem Land war. Vielleicht kann ich jetzt etwas tun, indem ich auf die Lehren aus der russischen Erfahrung hinweise. Nicht nur meine Sorge um das russische Volk hat mich zum Schreiben dieses Buches veranlasst: Es ist mein Interesse an den Massen überall auf der Welt.

Die Massen können, wie auch der Einzelne, nicht ohne weiteres aus den Erfahrungen anderer lernen. Doch diejenigen, die diese Erfahrung gemacht haben, müssen ihre Meinung äußern, und sei es nur, weil sie sich selbst und ihrem Ideal gegenüber nicht gerecht werden können und die große Täuschung, die ihnen offenbart wurde, nicht unterstützen können.

EMMA GOLDMANN.

Berlin, Juli 1922.

FUSSNOTE:

[1] Mother Earth Publishing Association, New York, Februar 1917.

KAPITEL I
DEPORTATION NACH RUSSLAND

In der Nacht des 21. Dezember 1919 wurde ich zusammen mit 248 anderen politischen Gefangenen aus Amerika deportiert. Obwohl allgemein bekannt war, dass wir deportiert werden würden, glaubten nur wenige wirklich, dass die Vereinigten Staaten ihre Vergangenheit als Asyl für politische Flüchtlinge, von denen einige mehr als dreißig Jahre in Amerika gelebt und gearbeitet hatten, so vollständig verleugnen würden.

In meinem Fall wurde die Entscheidung, mich zu beseitigen, erst bekannt, als die Bundesbehörden 1909 alles daran setzten, dem Mann, dessen Name mir die Staatsbürgerschaft verliehen hatte, das Wahlrecht zu entziehen. Dass Washington bis 1917 wartete, lag daran, dass der psychologische Moment für das Finale fehlte. Vielleicht hätte ich meinen Fall damals anfechten sollen. Angesichts der damals vorherrschenden öffentlichen Meinung hätten die Gerichte das betrügerische Verfahren, das mir die Staatsbürgerschaft entzog, wahrscheinlich nicht aufrechterhalten. Aber es schien damals nicht glaubwürdig, dass Amerika sich zu der zaristischen Deportationsmethode herablassen würde.

Unsere Antikriegs-Agitation heizte die Kriegshysterie des Jahres 1917 noch weiter an und gab den Bundesbehörden damit die ersehnte Gelegenheit, die 1909 in Rochester, NY, gegen mich begonnene Verschwörung zu vollenden.

Am 5. Dezember 1919, als ich in Chicago Vorlesungen hielt, wurde mir telegrafisch mitgeteilt, dass der Befehl zu meiner Deportation endgültig sei. Die Frage meiner Staatsbürgerschaft wurde dann vor Gericht aufgeworfen, aber natürlich wurde gegen mich entschieden. Ich hatte vorgehabt, den Fall vor ein höheres Gericht zu bringen, aber schließlich beschloss ich, die Sache nicht weiter zu verfolgen: Sowjetrussland lockte mich.

Die Behörden hielten unsere Deportation für lächerlich geheim. Bis zum allerletzten Moment wurde uns nicht bekannt gegeben, wann sie stattfinden würde. Dann wurden wir in den frühen Morgenstunden des 21. Dezember ganz unerwartet weggeschmuggelt. Die Szenerie für diese Vorstellung war höchst aufregend. Es war Sonntagmorgen, 21. Dezember 1919, sechs Uhr, als wir unter starkem Militärkonvoi an Bord der *Buford gingen* .

Achtundzwanzig Tage lang waren wir Gefangene. Tag und Nacht standen Wachen vor unseren Kabinentüren, Wachen an Deck während der Stunde, in der wir täglich frische Luft atmen durften. Unsere Kameraden waren in dunklen, feuchten Quartieren zusammengepfercht, miserabel ernährt, und wir alle wussten überhaupt nicht, in welche Richtung wir gehen sollten. Doch wir waren guter Dinge – Russland, das freie, das neue Russland lag vor uns.

Mein ganzes Leben lang war Russlands heldenhafter Freiheitskampf ein Leuchtfeuer für mich. Der revolutionäre Eifer seiner Märtyrer und Märtyrerinnen, den weder Festung noch *Katorga* unterdrücken konnten, war meine Inspiration in den dunkelsten Stunden. Als die Nachricht von der Februarrevolution die Welt überflutete, sehnte ich mich danach, in das Land zu eilen, das das Wunder vollbracht und sein Volk vom jahrhundertealten Joch des Zarismus befreit hatte. Aber Amerika hielt mich fest. Der Gedanke an dreißig Jahre Kampf für meine Ideale, an meine Freunde und Kollegen machte es mir unmöglich, mich loszureißen. Ich würde später nach Russland gehen, dachte ich.

Dann kam Amerikas Kriegseintritt und die Notwendigkeit, dem amerikanischen Volk treu zu bleiben, das gegen seinen Willen in den Hurrikan hineingezogen wurde. Schließlich hatte ich viel zu verdanken. Ich verdankte mein Wachstum und meine Entwicklung dem Besten und Besten in Amerika, seinen Freiheitskämpfern, den Söhnen und Töchtern der kommenden Revolution. Ich würde ihnen treu bleiben. Aber die wütenden Militaristen machten meiner Arbeit bald ein Ende.

Endlich war mein Ziel Russland, und alles andere war fast ausgelöscht. Ich sah mit eigenen Augen *Matuschka Rossija* , das von politischen und wirtschaftlichen Herren befreite Land; die russische *Dubinuschka* , wie der Bauer genannt wurde, aus dem Staub erhoben; den russischen Arbeiter, den modernen Samson, der mit einer Bewegung seines mächtigen Arms die Säulen der verfallenden Gesellschaft niedergerissen hatte. Die 28 Tage in unserem schwimmenden Gefängnis vergingen wie in Trance. Ich war mir meiner Umgebung kaum bewusst.

Schließlich erreichten wir Finnland, das wir in versiegelten Autos durchqueren mussten. An der russischen Grenze wurden wir von einem Komitee der Sowjetregierung unter Vorsitz von Zorin empfangen. Sie waren gekommen, um die ersten politischen Flüchtlinge zu begrüßen, die aus Amerika vertrieben worden waren, um ihre Meinung zu äußern.

Es war ein kalter Tag, die Erde war weiß, aber in unseren Herzen war Frühling. Bald würden wir das revolutionäre Russland sehen. Ich zog es vor, allein zu sein, wenn ich den heiligen Boden berührte: meine Begeisterung war zu groß und ich fürchtete, ich könnte meine Emotionen nicht kontrollieren. Als ich Beloöstrov erreichte, war der erste begeisterte Empfang der Flüchtlinge vorbei, aber der Ort war immer noch erfüllt von intensiven Gefühlen. Ich konnte die Ehrfurcht und Demut unserer Gruppe spüren, die in den Vereinigten Staaten wie Schwerverbrecher behandelt wurde, hier aber als liebe Brüder und Kameraden empfangen und von den roten Soldaten, den Befreiern Russlands, willkommen geheißen wurde.

Von Beloöstrov wurden wir in das Dorf gefahren, wo ein weiterer Empfang vorbereitet worden war: Ein dunkler Saal, bis zum Ersticken gefüllt, die Bühne von Talgkerzen erleuchtet, eine riesige rote Fahne, auf der Bühne eine Gruppe Frauen in schwarzen Nonnengewändern. Ich stand wie in einem Traum in der atemlosen Stille. Plötzlich ertönte eine Stimme. Sie hämmerte wie Metall in meinen Ohren und schien einfallslos, aber sie sprach vom großen Leid des russischen Volkes und von den Feinden der Revolution. Andere sprachen zum Publikum, aber ich wurde von den Frauen in Schwarz gehalten, deren Gesichter im gelben Licht gespenstisch wirkten. Waren das wirklich Nonnen? Hatte die Revolution sogar die Mauern des Aberglaubens durchdrungen? War die Rote Morgenröte in das enge Leben dieser Asketen eingebrochen? Es schien alles seltsam, faszinierend.

Irgendwie fand ich mich auf dem Podium wieder. Mir fiel nur ein, dass ich wie meine Kameraden nicht nach Russland gekommen war, um zu lehren: Ich war gekommen, um zu lernen, um Nahrung und Hoffnung aus dem Land zu schöpfen und um mein Leben auf dem Altar der Revolution zu opfern.

Nach der Versammlung wurden wir zum wartenden Petrograder Zug begleitet. Die Frauen in den schwarzen Kapuzen intonierten die „Internationale", und das ganze Publikum stimmte mit ein. Ich saß mit unserem Gastgeber Zorin im Wagen, der in Amerika gelebt hatte und fließend Englisch sprach. Er sprach begeistert über die Sowjetregierung und ihre wunderbaren Errungenschaften. Seine Ausführungen waren aufschlussreich, aber ein Satz kam mir missverständlich vor. Als er über die politische Organisation seiner Partei sprach, bemerkte er: „Tammany Hall hat uns nichts voraus, und was Boss Murphy betrifft, könnten wir ihm noch einiges beibringen." Ich dachte, der Mann mache Witze. Welche Verbindung könnte es zwischen Tammany Hall, Boss Murphy und der Sowjetregierung geben?

Ich erkundigte mich nach unseren Kameraden, die bei den ersten Nachrichten von der Revolution aus Amerika herbeigeeilt waren. Viele von ihnen waren an der Front gestorben, teilte mir Zorin mit, andere arbeiteten für die Sowjetregierung. Und Schatow? William Schatow, ein brillanter Redner und fähiger Organisator, war in Amerika eine bekannte Persönlichkeit und häufig mit uns in unserer Arbeit verbunden. Wir hatten ihm ein Telegramm aus Finnland geschickt und waren sehr überrascht, dass er nicht antwortete. Warum kam Schatow uns nicht entgegen? „Schatow musste nach Sibirien, wo er den Posten des Eisenbahnministers übernehmen sollte", sagte Zorin.

In Petrograd erhielt unsere Gruppe erneut Beifall. Dann wurden die Deportierten in das berühmte Taurische Palais gebracht, wo sie verpflegt und für die Nacht untergebracht werden sollten. Zorin bat Alexander Berkman und mich, seine Gastfreundschaft anzunehmen. Wir bestiegen das wartende Automobil. Die Stadt war dunkel und verlassen; weit und breit keine Menschenseele zu sehen. Wir waren noch nicht weit gekommen, als das Auto plötzlich angehalten wurde und uns ein elektrisches Licht in die Augen blitzte. Es war die Miliz, die nach dem Passwort verlangte. Petrograd hatte vor kurzem den Angriff der Judenitscher zurückgeschlagen und stand noch immer unter Kriegsrecht. Der Vorgang wiederholte sich auf der Strecke häufig. Kurz bevor wir unser Ziel erreichten, kamen wir an einem gut beleuchteten Gebäude vorbei. „Es ist unser Revier", erklärte Zorin, „aber wir haben dort jetzt nur noch wenige Gefangene. Die Todesstrafe ist abgeschafft und wir haben vor kurzem eine allgemeine politische Amnestie verkündet."

Bald darauf hielt das Auto an. „Das Erste Haus der Sowjets", sagte Zorin, „der Wohnort der aktivsten Mitglieder unserer Partei." Zorin und seine Frau bewohnten zwei Zimmer, die einfach, aber komfortabel eingerichtet waren. Es wurden Tee und Erfrischungen serviert, und unsere Gastgeber unterhielten uns mit der fesselnden Geschichte der wunderbaren Verteidigung, die die Petrograder Arbeiter gegen die Streitkräfte von Judenitsch organisiert hatten. Wie heldenhaft waren die Männer und Frauen, sogar die Kinder, zur Verteidigung der Roten Stadt geeilt! Welch wunderbare Selbstdisziplin und Zusammenarbeit das Proletariat an den Tag legte. Der Abend verging in diesen Erinnerungen, und ich wollte mich gerade in das für mich reservierte Zimmer zurückziehen, als eine junge Frau eintraf, die sich als Schwägerin von „Bill" Schatow vorstellte. Sie begrüßte uns herzlich und bat uns, zu ihrer Schwester zu kommen, die im Stockwerk darüber wohnte. Als wir ihre Wohnung erreichten, wurde ich von dem großen, fröhlichen Bill persönlich umarmt. Wie seltsam von Zorin, mir zu sagen, dass Schatow nach Sibirien abgereist sei! Was hatte das zu bedeuten? Schatow erklärte, dass ihm befohlen worden sei, uns nicht an der Grenze zu treffen, um zu verhindern, dass er uns unsere ersten Eindrücke von Sowjetrussland vermittelte. Er war bei der Regierung in Ungnade gefallen und wurde nach Sibirien in die faktische Verbannung geschickt. Seine Reise hatte sich verzögert, und deshalb trafen wir ihn zufällig doch noch.

Wir verbrachten viel Zeit mit Schatow, bevor er Petrograd verließ. Ganze Tage lang hörte ich mir seine Geschichte der Revolution mit ihren Licht- und Schattenseiten und der sich entwickelnden Tendenz der Bolschewiki nach rechts an. Schatow jedoch bestand darauf, dass es für alle revolutionären Elemente notwendig sei, mit der bolschewistischen Regierung zusammenzuarbeiten. Natürlich hatten die Kommunisten viele Fehler gemacht, aber was sie taten, war unvermeidlich und wurde ihnen durch die Einmischung der Alliierten und die Blockade aufgezwungen.

Einige Tage nach unserer Ankunft bat Zorin Alexander Berkman und mich, ihn zum Smolny zu begleiten. Das Smolny, das ehemalige Internat für die Töchter der Aristokratie, war das Zentrum revolutionärer Ereignisse gewesen. Fast jeder Stein hatte seinen Teil dazu beigetragen. Jetzt war es der Sitz der Petrograder Regierung. Ich fand den Ort schwer bewacht und er machte den Eindruck eines Bienenstocks von Beamten und Regierungsangestellten. Besonders interessant war die Abteilung der Dritten Internationale. Sie war die Domäne von Sinowjew. Ich war sehr beeindruckt von der Größe des Ganzen.

Nachdem er uns alles gezeigt hatte, lud uns Zorin in den Speisesaal des Smolny ein. Das Essen bestand aus einer guten Suppe, Fleisch und Kartoffeln, Brot und Tee – ein ziemlich gutes Essen im hungernden Russland, dachte ich.

Unsere Deportationsgruppe wurde im Smolny untergebracht. Ich machte mir Sorgen um meine Reisegefährtinnen, die beiden Mädchen, die meine Kabine auf der *Buford geteilt hatten* . Ich wollte sie mit ins Erste Haus des Sowjets nehmen. Zorin ließ sie holen. Sie kamen sehr aufgeregt an und erzählten uns, dass die ganze Deportationsgruppe unter Militärschutz gestellt worden sei. Die Nachricht war erschreckend. Die Leute, die wegen ihrer politischen Ansichten aus Amerika vertrieben worden waren, waren nun im revolutionären Russland wieder Gefangene – drei Tage nach ihrer Ankunft. Was war geschehen?

Wir wandten uns an Zorin. Er schien verlegen. „Ein Irrtum", sagte er und begann sofort, Nachforschungen anzustellen. Es stellte sich heraus, dass man unter den von der US-Regierung deportierten politischen Personen vier gewöhnliche Kriminelle gefunden hatte, und deshalb wurde die ganze Gruppe bewacht. Das Vorgehen erschien mir ungerecht und unangebracht. Es war meine erste Lektion in bolschewistischen Methoden.

KAPITEL II
PETROGRAD

Meine Eltern waren nach St. Petersburg gezogen, als ich dreizehn war. Unter der Disziplin einer deutschen Schule in Königsberg und der preußischen Haltung gegenüber allem Russischen war ich in einer Atmosphäre des Hasses gegen dieses Land aufgewachsen. Ich fürchtete mich besonders vor den schrecklichen Nihilisten, die Zar Alexander II. getötet hatten, der, wie man mir beigebracht hatte, so gut und freundlich war. St. Petersburg war für mich etwas Böses. Aber die Fröhlichkeit der Stadt, ihre Lebhaftigkeit und Brillanz zerstreuten bald meine kindlichen Einbildungen und ließen die Stadt wie einen Märchentraum erscheinen. Dann wurde meine Neugier durch das revolutionäre Geheimnis geweckt, das über jedem zu hängen schien und über das niemand zu sprechen wagte. Als ich vier Jahre später mit meiner Schwester nach Amerika ging, war ich nicht mehr das deutsche Gretchen, für das Russland böse war. Meine ganze Seele war verwandelt und der Samen für das gepflanzt, was mein Lebenswerk werden sollte. Besonders St. Petersburg blieb in meiner Erinnerung ein lebendiges Bild voller Leben und Geheimnisse.

Das Petrograd des Jahres 1920 war für mich ein ganz anderer Ort. Es lag fast in Trümmern, als wäre ein Hurrikan darüber hinweggefegt. Die Häuser sahen aus wie zerbrochene alte Gräber auf vernachlässigten und vergessenen Friedhöfen. Die Straßen waren schmutzig und verlassen; alles Leben war aus ihnen gewichen. Die Bevölkerung Petrograds betrug vor dem Krieg fast zwei Millionen; 1920 war sie auf fünfhunderttausend geschrumpft. Die Menschen liefen wie lebende Leichen umher; der Mangel an Nahrungsmitteln und Brennstoffen laugte die Stadt langsam aus; der grausame Tod klammerte sich an ihr Herz. Ausgezehrte und erfrorene Männer, Frauen und Kinder wurden von der Peitsche gepeitscht und suchten nach einem Stück Brot oder einem Stück Holz. Es war tagsüber ein herzzerreißender Anblick, nachts eine bedrückende Last. Besonders die Nächte des ersten Monats in Petrograd waren schrecklich. Die völlige Stille der großen Stadt war lähmend. Diese schreckliche, bedrückende Stille, die nur durch gelegentliche Schüsse unterbrochen wurde, verfolgte mich geradezu. Ich lag wach und versuchte, das Geheimnis zu lüften. Hatte Zorin nicht gesagt, dass die Todesstrafe abgeschafft worden sei? Warum diese Schießerei? Zweifel beunruhigten mich, aber ich versuchte, sie beiseite zu schieben. Ich war gekommen, um zu lernen.

Viele meiner ersten Erkenntnisse und Eindrücke über die Oktoberrevolution und die darauf folgenden Ereignisse habe ich von den Zorins erhalten. Wie bereits erwähnt, hatten beide in Amerika gelebt, sprachen Englisch und waren begierig darauf, mich über die Geschichte der Revolution aufzuklären. Sie waren der Sache ergeben und arbeiteten sehr hart; vor allem er, der Sekretär des Petrograder Komitees seiner Partei war, außerdem die Tageszeitung *Krasnaja Gazetta herausgab* und an anderen Aktivitäten teilnahm.

Von Zorin erfuhr ich zum ersten Mal von dieser legendären Figur, Machno. Dieser war, wie ich erfuhr, ein Anarchist, der unter dem Zaren zur *Katrina verurteilt worden war* . Nach seiner Befreiung durch die Februarrevolution wurde er Anführer einer Bauernarmee in der Ukraine, wo er sich als äußerst fähig und mutig erwies und hervorragende Arbeit bei der Verteidigung der Revolution leistete. Eine Zeit lang arbeitete Machno im Einklang mit den Bolschewisten und bekämpfte die konterrevolutionären Kräfte. Dann wurde er feindselig, und nun kämpfte seine aus Banditenelementen rekrutierte Armee gegen die Bolschewisten. Zorin erzählte, er sei Mitglied eines Komitees gewesen, das zu Machno geschickt worden war, um eine Verständigung herbeizuführen. Aber Machno ließ sich nicht vernunftmäßig ein. Er setzte seinen Krieg gegen die Sowjets fort und wurde als gefährlicher Konterrevolutionär betrachtet.

Ich hatte keine Möglichkeit, die Geschichte zu überprüfen, und ich war weit davon entfernt, den Zorins zu misstrauen. Beide schienen sehr aufrichtig und ihrer Arbeit ergeben zu sein, eine Art religiöser Eiferer, die bereit waren, Ketzer zu verbrennen, aber ebenso bereit waren, ihr eigenes Leben für ihre Sache zu opfern. Ich war sehr beeindruckt von der Einfachheit ihres Lebens. Da Zorin eine verantwortungsvolle Position innehatte, hätte er Sonderrationen erhalten können, aber sie lebten sehr arm, ihr Abendessen bestand oft nur aus Hering, Schwarzbrot und Tee. Ich fand das besonders bewundernswert, weil Lisa Zorin zu dieser Zeit schwanger war.

Zwei Wochen nach meiner Ankunft in Russland wurde ich eingeladen, an der Alexander-Herzen-Gedenkfeier im Winterpalast teilzunehmen. Der weiße Marmorsaal, in dem die Veranstaltung stattfand, schien den bitteren Frost noch zu verstärken, aber die Anwesenden nahmen die durchdringende Kälte nicht wahr. Auch ich war mir nur der einzigartigen Situation bewusst: Alexander Herzen, einer der am meisten gehassten Revolutionäre seiner Zeit, wurde im Winterpalast geehrt! Schon oft zuvor hatte Herzens Geist seinen Weg in das Haus der Romanows gefunden. Das geschah, wenn das im Ausland veröffentlichte und von Herzens und Turgenjews Brillanz sprühende „Kolokol" auf mysteriöse Weise auf dem Schreibtisch des Zaren entdeckt wurde. Nun gab es die Zaren nicht mehr, aber Herzens Geist war wieder auferstanden und wurde Zeuge der Verwirklichung des Traums eines der größten Männer Russlands.

Eines Abends wurde mir mitgeteilt, dass Sinowjew aus Moskau zurückgekehrt sei und mich empfangen wolle. Er traf gegen Mitternacht ein. Er sah sehr müde aus und wurde ständig durch dringende Nachrichten gestört. Wir unterhielten uns allgemein über die ernste Lage in Russland, den damals besonders gravierenden Mangel an Nahrungsmitteln und Brennstoffen und über die Arbeitssituation in Amerika. Er wollte unbedingt wissen, „wie bald die Revolution in den Vereinigten Staaten zu erwarten sei". Er hinterließ bei mir keinen eindeutigen Eindruck, aber ich war mir bewusst, dass dem Mann etwas fehlte, obwohl ich damals nicht genau sagen konnte, was es war.

Ein anderer Kommunist, den ich in den ersten Wochen oft sah, war John Reed. Ich hatte ihn in Amerika gekannt. Er lebte im Astoria, arbeitete hart und bereitete sich auf seine Rückkehr in die Vereinigten Staaten vor. Er sollte durch Lettland reisen und schien sich vor dem Ausgang zu fürchten. Er war in den Oktobertagen in Russland gewesen und dies war sein zweiter Besuch. Wie Schatow bestand auch er darauf, dass die Schattenseiten des bolschewistischen Regimes unvermeidlich seien. Er glaubte inbrünstig daran, dass die Sowjetregierung ihre engen Parteilinien verlassen und bald das Kommunistische Commonwealth errichten würde. Wir verbrachten viel Zeit miteinander und diskutierten die verschiedenen Phasen der Situation.

Bislang hatte ich noch keinen Anarchisten getroffen, und ihr Ausbleiben überraschte mich ziemlich. Eines Tages kam ein Freund, den ich aus den Staaten kannte, und fragte, ob ich mehrere Mitglieder einer anarchistischen Organisation treffen könne. Ich willigte bereitwillig ein. Von ihnen erfuhr ich eine Version der russischen Revolution und des bolschewistischen Regimes, die sich völlig von dem unterschied, was ich bisher gehört hatte. Es war so erschreckend, so schrecklich, dass ich es nicht glauben konnte. Sie luden mich ein, an einer kleinen Versammlung teilzunehmen, die sie einberufen hatten, um mir ihre Ansichten darzulegen.

Am folgenden Sonntag ging ich zu ihrer Konferenz. Als ich am Newski-Prospekt in der Nähe der Liteiny-Straße vorbeikam, traf ich auf eine Gruppe von Frauen, die sich zusammenkauerten, um sich vor der Kälte zu schützen. Sie waren von Soldaten umgeben, die redeten und gestikulierten. Diese Frauen, so erfuhr ich, waren Prostituierte, die sich für ein Pfund Brot, ein Stück Seife oder Schokolade verkauften. Die Soldaten waren die einzigen, die es sich leisten konnten, sie zu kaufen, da sie zusätzliche Rationen hatten. Prostitution im revolutionären Russland., fragte ich mich. Was tut die kommunistische Regierung für diese Unglücklichen? Was tun die Arbeiter- und Bauernsowjets? Meine Begleitung lächelte traurig. Die Sowjetregierung hatte die Bordelle geschlossen und versuchte nun, die Frauen von der Straße zu vertreiben, aber Hunger und Kälte trieben sie wieder zurück; außerdem musste man den Soldaten nachgeben. Es war zu grausig, zu unglaublich, um wahr zu sein, und doch waren sie da – diese zitternden Kreaturen zum Verkauf und ihre Käufer, die roten Verteidiger der Revolution. „Die verfluchten Interventionisten, die Blockade – sie sind verantwortlich", sagte mein Begleiter. Aber ja, die Konterrevolutionäre und die Blockade sind verantwortlich, beruhigte ich mich. Ich versuchte, den Gedanken an diese zusammengekauerte Gruppe zu verdrängen, aber er klammerte sich an mich. Ich fühlte, wie etwas in mir zerbrach.

Endlich erreichten wir das Quartier der Anarchisten, ein heruntergekommenes Haus in einem schmutzigen Hinterhof. Ich wurde in einen kleinen Raum geführt, in dem sich Männer und Frauen drängten. Der Anblick rief Bilder von vor dreißig Jahren wach, als die Anarchisten in Amerika, verfolgt und von Ort zu Ort gejagt, gezwungen waren, sich in einem schmuddeligen Saal in der Orchard Street in New York oder im dunklen Hinterzimmer eines Saloons zu treffen. Das war im kapitalistischen Amerika. Aber dies war das revolutionäre Russland, zu dessen Befreiung die Anarchisten beigetragen hatten. Warum sollten sie sich im Geheimen und an einem solchen Ort versammeln müssen?

An diesem Abend und am folgenden Tag hörte ich mir einen Vortrag über den Verrat der Bolschewiki an der Revolution an. Arbeiter aus den baltischen Fabriken sprachen von ihrer Versklavung, Kronstädter Matrosen brachten ihre Bitterkeit und Empörung über die Menschen zum Ausdruck, denen sie an die Macht verholfen hatten und die nun ihre Herren geworden waren. Einer der Redner war von den Bolschewiki wegen seiner anarchistischen Ideen zum Tode verurteilt worden, war jedoch geflohen und lebte nun illegal. Er erzählte, wie die Matrosen der Freiheit ihrer Sowjets beraubt worden waren, wie jeder Atemzug ihres Lebens zensiert wurde. Andere sprachen vom Roten Terror und der Unterdrückung in Moskau, die im September 1919 dazu führten, dass eine Bombe in die Versammlung der Moskauer Sektion der Kommunistischen Partei geworfen wurde. Sie erzählten mir von den überfüllten Gefängnissen, von der Gewalt, die an Arbeitern und Bauern verübt wurde. Ich hörte ziemlich ungeduldig zu, denn alles in mir schrie gegen diese Anklage. Es klang unmöglich; es konnte nicht sein. Irgendjemand war bestimmt schuld, aber wahrscheinlich waren es sie, meine Kameraden, dachte ich. Sie waren unvernünftig und warteten ungeduldig auf sofortige Ergebnisse. War Gewalt in einer Revolution nicht unvermeidlich und wurde sie den Bolschewiki nicht von den Interventionisten aufgezwungen? Meine Kameraden waren empört. „Verkleidet euch, damit die Bolschewiki euch nicht erkennen; nehmt eine Broschüre von Kropotkin und versucht, sie in einer Sowjetversammlung zu verteilen. Ihr werdet bald sehen, ob wir euch die Wahrheit gesagt haben. Und vor allem: Geht aus dem Ersten Haus des Sowjets raus. Lebt unter dem Volk, und ihr werdet alle Beweise haben, die ihr braucht."

Wie kindisch und belanglos erschien mir das alles angesichts der Weltereignisse, die sich in Russland abspielten! Nein, ich konnte ihren Geschichten keinen Glauben schenken. Ich wollte abwarten und die Umstände studieren. Aber mein Geist war in Aufruhr, und die Nächte wurden drückender denn je.

Der Tag kam, an dem ich die Gelegenheit bekam, an der Sitzung des Petro-Sowjets teilzunehmen. Es sollte eine doppelte Feier zu Ehren der Rückkehr von Karl Radek nach Russland und Joffes Bericht über den Friedensvertrag mit Estland werden. Wie üblich ging ich mit den Zorins. Die Versammlung fand im Taurischen Palais statt, dem ehemaligen Sitzungsort der russischen Duma. Jeder Eingang zum Saal wurde von Soldaten bewacht, die die Tribüne mit ihren Gewehren stramm hielten. Der Saal war bis vor die Türen vollgestopft. Ich stand auf der Tribüne und blickte auf das Meer von Gesichtern unter mir. Verhungert und elend sahen sie aus, diese Söhne und Töchter des Volkes, die Helden des roten Petrograds. Wie hatten sie für die Revolution gelitten und ausgehalten! Ich fühlte mich sehr demütig vor ihnen.

Sinowjew leitete die Sitzung. Nachdem das Publikum im Stehen die „Internationale" gesungen hatte, eröffnete Sinowjew die Sitzung. Er sprach ausführlich. Seine Stimme ist hoch und ohne Tiefe. Als ich ihn hörte, wurde mir klar, was ich bei unserem ersten Treffen an ihm vermisst hatte – Tiefe und Charakterstärke. Als nächstes kam Radek. Er war klug, witzig, sarkastisch und zollte den Konterrevolutionären und den Weißgardisten seinen Respekt. Alles in allem ein interessanter Mann und eine interessante Ansprache.

Joffe sah aus wie ein Diplomat. Wohlgenährt und gepflegt wirkte er in dieser Versammlung ziemlich fehl am Platz. Er sprach über die Friedensbedingungen mit Estland, die vom Publikum mit Begeisterung aufgenommen wurden. Sicherlich wollten diese Menschen Frieden. Würde es jemals Frieden in Russland geben?

Als letzter sprach Sorin, der bei weitem fähigste und überzeugendste an diesem Abend. Dann wurde die Versammlung zur Diskussion freigegeben. Ein Menschewik ersuchte um das Wort. Sofort brach ein Tumult aus. Aus allen Teilen des Publikums und sogar von der Tribüne ertönten Rufe wie „Verräter!", „Koltschak!" und „Konterrevolutionär!". Für mich schien dies ein unwürdiger Ablauf für eine revolutionäre Versammlung zu sein.

Auf dem Heimweg sprach ich mit Zorin darüber. Er lachte. „Die freie Meinungsäußerung ist ein bürgerlicher Aberglaube", sagte er; „während einer revolutionären Periode kann es keine freie Meinungsäußerung geben." Ich war ziemlich skeptisch gegenüber dieser pauschalen Aussage, aber ich hatte das Gefühl, dass ich kein Recht hatte, darüber zu urteilen. Ich war ein Neuling, während die Menschen im Taurischen Palais so viel für die

Revolution geopfert und gelitten hatten. Ich hatte kein Recht, darüber zu urteilen.

KAPITEL III:
Störende Gedanken

Das Leben ging weiter. Jeder Tag brachte neue widersprüchliche Gedanken und Gefühle. Was mich am meisten berührte, war die Ungleichheit, die ich in meiner unmittelbaren Umgebung erlebte. Ich erfuhr, dass die Rationen, die den Mietern des Ersten Hauses des Sowjets (Astoria) ausgegeben wurden, viel höher waren als die, die die Arbeiter in den Fabriken erhielten. Natürlich reichten sie nicht zum Leben aus – aber niemand im Astoria lebte allein von diesen Rationen. Die Mitglieder der Kommunistischen Partei, die im Astoria untergebracht waren, arbeiteten im Smolny, und die Rationen im Smolny waren die besten in Petrograd. Außerdem war der Handel zu dieser Zeit nicht völlig unterdrückt. Die Märkte machten ein lukratives Geschäft, obwohl niemand in der Lage oder willens zu sein schien, mir zu erklären, woher die Kaufkraft kam. Die Arbeiter konnten sich keine Butter leisten, die damals 2.000 Rubel pro Pfund kostete, keinen Zucker für 3.000 oder kein Fleisch für 1.000. Die Ungleichheit war in der Küche des Astoria am deutlichsten sichtbar. Ich ging oft dorthin, obwohl es eine Qual war, eine Mahlzeit zuzubereiten: das wilde Gerangel um einen Zentimeter Platz auf dem Herd, das gierige Beobachten der Frauen, ob irgendjemand etwas zu viel im Kochtopf hatte, die Streitereien und Schreie, wenn jemand ein Stück Fleisch aus dem Topf eines Nachbarn fischte! Aber es gab einen erlösenden Aspekt in dem Bild – es war die Verbitterung der Bediensteten, die im Astoria arbeiteten. Sie waren Bedienstete, obwohl sie Kameraden genannt wurden, und sie spürten die Ungleichheit sehr deutlich: Für sie war die Revolution keine bloße Theorie, die in den kommenden Jahren Wirklichkeit werden sollte. Sie war eine lebendige Sache. Eines Tages wurde ich darauf aufmerksam gemacht.

Die Rationen wurden im Verpflegungsamt verteilt, aber man musste sie sich selbst holen. Eines Tages, als ich in der langen Schlange wartete, kam ein Bauernmädchen herein und fragte nach Essig. „Essig! Wer verlangt denn so einen Luxus?", riefen mehrere Frauen. Es stellte sich heraus, dass das Mädchen Sinowjews Dienerin war. Sie sprach von ihm als ihrem Herrn, der sehr hart arbeitete und sicherlich Anspruch auf etwas mehr hatte. Sofort brach ein Sturm der Entrüstung los. „Herr! Ist das der Grund, warum wir die Revolution gemacht haben, oder ging es darum, die Herren abzuschaffen? Sinowjew ist nicht mehr als wir und hat keinen Anspruch auf mehr."

Diese Arbeiterinnen waren roh, ja brutal, aber ihr Gerechtigkeitssinn war instinktiv. Die Revolution war für sie etwas grundlegend Lebenswichtiges. Sie sahen die Ungleichheit auf Schritt und Tritt und ärgerten sich zutiefst darüber. Ich war beunruhigt. Ich versuchte mich zu beruhigen, dass Sinowjew und die anderen Führer der Kommunisten ihre Macht nicht für ihren eigenen Vorteil missbrauchen würden. Es waren der Mangel an Nahrungsmitteln und der Mangel an effizienter Organisation, die es unmöglich machten, alle gleichmäßig zu ernähren, und natürlich war die Blockade und nicht die Bolschewiki dafür verantwortlich. Die alliierten Interventionisten, die versuchten, Russland an die Gurgel zu gehen, waren die Ursache.

Jeder Kommunist, den ich traf, wiederholte diesen Gedanken; sogar einige Anarchisten beharrten darauf. Die kleine Gruppe, die der Sowjetregierung feindlich gegenüberstand, war nicht überzeugend. Aber wie ließ sich die Erklärung, die man mir gab, mit einigen der Geschichten vereinbaren, die ich täglich hörte – Geschichten von systematischem Terrorismus, unerbittlicher Verfolgung und Unterdrückung anderer revolutionärer Elemente?

Ein weiterer Umstand, der mich verblüffte, war, dass die Märkte jedes Mal, wenn die Rationen ausgegeben wurden, mit Fleisch, Fisch, Seife, Kartoffeln und sogar Schuhen vollgestopft waren. Wie kamen diese Dinge auf die Märkte? Alle sprachen darüber, aber niemand schien es zu wissen. Eines Tages war ich in einem Uhrmacherladen, als ein Soldat hereinkam. Er unterhielt sich auf Jiddisch mit dem Besitzer und erzählte, dass er gerade mit einer Ladung Tee aus Sibirien zurückgekehrt sei. Würde der Uhrmacher fünfzig Pfund nehmen? Tee wurde damals zu einem hohen Preis verkauft – niemand außer den wenigen Privilegierten konnte sich einen solchen Luxus leisten. Natürlich würde der Uhrmacher den Tee nehmen. Als der Soldat ging, fragte ich den Ladenbesitzer, ob er es nicht für ziemlich riskant hielte, solche illegalen Geschäfte so offen abzuwickeln. Ich verstehe zufällig Jiddisch, sagte ich ihm. Hatte er keine Angst, dass ich ihn anzeigen würde? „Das ist nichts", antwortete der Mann gelassen, „die Tscheka weiß alles darüber – sie zieht ihren Anteil von dem Soldaten und mir."

Ich begann zu vermuten, dass die Ursache für einen Großteil des Übels auch innerhalb Russlands lag, nicht nur außerhalb. Aber ich argumentierte, dass Polizisten und Kriminalbeamte überall korrumpieren. Das ist die verbreitete Krankheit dieser Art. In Russland, wo Nahrungsmittelknappheit und drei Jahre Hunger die meisten Menschen zwangsläufig zu Korruptionstätern machen, ist Diebstahl unvermeidlich. Die Bolschewisten versuchen, ihn mit eiserner Hand zu unterdrücken. Wie kann man ihnen das vorwerfen? Aber so sehr ich mich auch bemühte, ich konnte meine Zweifel nicht zum Schweigen bringen. Ich suchte nach moralischer Unterstützung, nach einem verlässlichen Wort, nach jemandem, der Licht in die beunruhigenden Fragen bringen könnte.

Mir kam der Gedanke, Maxim Gorki zu schreiben. Er könnte helfen. Ich machte ihn auf seine eigene Bestürzung und Enttäuschung während seines Amerika-Besuchs aufmerksam. Er war im Glauben an die Demokratie und den Liberalismus gekommen, fand aber stattdessen Engstirnigkeit und mangelnde Gastfreundschaft vor. Ich war mir sicher, dass Gorki den Kampf verstehen würde, der in mir tobte, auch wenn die Ursache nicht dieselbe war. Würde er mich empfangen? Zwei Tage später erhielt ich eine kurze Nachricht mit der Bitte, mich zu besuchen.

Ich habe Gorki viele Jahre lang bewundert. Er war die lebende Bestätigung meiner Überzeugung, dass der kreative Künstler nicht unterdrückt werden kann. Gorki, das Kind des Volkes, der Paria, war durch sein Genie zu einem der Größten der Welt geworden, einer, der durch seine Feder und tiefe menschliche Anteilnahme die sozialen Außenseiter zu unseren Verwandten machte. Jahrelang tourte ich durch Amerika, um dem amerikanischen Volk Gorkis Genie zu erklären und die Größe, Schönheit und Menschlichkeit des Mannes und seiner Werke zu verdeutlichen. Jetzt sollte ich ihn sehen und durch ihn einen Einblick in die komplexe Seele Russlands bekommen.

Ich fand den Haupteingang seines Hauses vernagelt vor, und es schien keinen Weg hinein zu geben. Ich hätte fast verzweifelt aufgegeben, als eine Frau auf eine schmuddelige Treppe zeigte. Ich stieg bis ganz nach oben und klopfte an die erste Tür, die ich sah. Sie wurde aufgerissen und blendete mich für einen Moment mit einer Flut aus Licht und Dampf aus einer überhitzten Küche. Dann wurde ich in ein großes Esszimmer geführt. Es war schwach beleuchtet, kühl und freudlos, trotz eines Kamins und einer großen Sammlung holländischen Porzellans an den Wänden. Eine der drei Frauen, die ich in der Küche bemerkt hatte, setzte sich mit mir an den Tisch und tat so, als würde sie ein Buch lesen, beobachtete mich dabei aber die ganze Zeit aus den Augenwinkeln. Es war eine unangenehme halbe Stunde des Wartens.

Bald darauf traf Gorki ein. Groß, hager und hustend sah er krank und müde aus. Er führte mich in sein Arbeitszimmer, das halbdunkel und deprimierend wirkte. Kaum hatten wir uns gesetzt, flog die Tür auf und eine andere junge Frau, die ich vorher nicht bemerkt hatte, brachte ihm ein Glas dunkler Flüssigkeit, offensichtlich Medizin. Dann begann das Telefon zu klingeln; ein paar Minuten später wurde Gorki aus dem Zimmer gerufen. Mir wurde klar, dass ich nicht mit ihm sprechen konnte. Als er zurückkam, musste er meine Enttäuschung bemerkt haben. Wir einigten uns darauf, unser Gespräch zu verschieben, bis sich eine weniger ungemütliche Gelegenheit bot. Er begleitete mich zur Tür und bemerkte: „Sie sollten die Baltflot [Baltische Flotte] besuchen. Die Matrosen von Kronstadt sind fast alle instinktive Anarchisten. Dort würden Sie ein Betätigungsfeld finden." Ich lächelte. „Instinktive Anarchisten?", fragte ich, „das heißt, sie sind nicht durch vorgefasste Meinungen verdorben, unkompliziert und empfänglich. Meinen Sie das?"

„Ja, das meine ich", antwortete er.

Das Gespräch mit Gorki hat mich deprimiert. Auch unser zweites Treffen anlässlich meiner ersten Reise nach Moskau war nicht zufriedenstellender. Mit demselben Zug reisten Radek, Demjan Bedny, der beliebte bolschewistische Dichter, und Zipperowitsch, der damalige Präsident der Petrograder Gewerkschaften. Wir befanden uns im selben Waggon, dem für bolschewistische Beamte und Staatswürdenträger reservierten, bequemen und geräumigen. Der „einfache" Mann hingegen, der Nichtkommunist ohne Einfluss, musste sich buchstäblich seinen Weg in die stets überfüllten Eisenbahnwaggons erkämpfen, vorausgesetzt, er hatte einen *Reisegepäckträger* – was äußerst schwierig zu beschaffen war.

Ich verbrachte die Fahrt damit, mit Zipperovitch, einem freundlichen Mann mit tiefen Überzeugungen, und mit Demyan Bedny, einem großen, grob aussehenden Mann, über die russischen Verhältnisse zu diskutieren. Radek erzählte ausführlich von seinen Erfahrungen in Deutschland und deutschen Gefängnissen.

Ich erfuhr, dass Gorki auch im Zug war, und freute mich über eine weitere Gelegenheit, mit ihm zu plaudern, als er mich besuchte. Was mich im Moment am meisten beschäftigte, war ein Artikel, der wenige Tage vor meiner Abreise in der Petrograder *Prawda erschienen* war. Darin ging es um moralisch minderwertige Kinder, und der Autor plädierte für Gefängnisstrafen für sie. Nichts, was ich während meiner sechs Wochen in Russland gehört oder gesehen hatte, empörte mich so sehr wie diese brutale und veraltete Haltung gegenüber Kindern. Ich wollte unbedingt wissen, was Gorki zu der Sache dachte. Natürlich war er gegen Gefängnisse für moralisch Minderwertige, er plädierte stattdessen für Besserungsanstalten. „Was meinen Sie mit moralisch minderwertig?", fragte ich. „Unsere Jugend ist das Ergebnis des während des Russisch-Japanischen Krieges grassierenden Alkoholismus und der Syphilis. Was könnte aus einem solchen Erbe außer moralischem Verfall resultieren?", antwortete er. Ich argumentierte, dass sich die Moral je nach Bedingungen und Klima ändert und dass man Moral nicht als eine feste Angelegenheit betrachten kann, wenn man nicht an die Theorie des freien Willens glaubt. Was Kinder betrifft, so ist ihr Verantwortungsbewusstsein primitiv und ihnen fehlt der Geist sozialer Bindung. Gorki beharrte jedoch darauf, dass es unter Kindern eine beängstigende Zunahme moralischer Degradierung gebe und dass derartige Fälle isoliert werden sollten.

Dann sprach ich das Problem an, das mich am meisten beunruhigte. Was war mit Verfolgung und Terror – waren all diese Schrecken unvermeidlich oder lag ein Fehler beim Bolschewismus selbst? Die Bolschewiki machten Fehler, aber sie taten ihr Bestes, sagte Gorki trocken. Mehr könne man nicht erwarten, dachte er.

Ich erinnerte mich an einen bestimmten Artikel von Gorki, der in seiner Zeitung „ *New Life"* *erschienen war* und den ich im Missouri Penitentiary gelesen hatte. Es war eine vernichtende Anklage gegen die Bolschewisten. Es muss triftige Gründe gegeben haben, Gorkis Standpunkt so völlig zu ändern. Vielleicht hat er recht. Ich muss warten. Ich muss die Situation studieren; ich muss die Fakten herausfinden. Vor allem muss ich mir selbst ein Bild vom Bolschewismus machen.

Wir sprachen über das Drama. Bei meinem ersten Besuch hatte ich Gorki zur Begrüßung eine Ankündigungskarte für den Schauspielkurs gezeigt, den ich in Amerika gegeben hatte. Unter den Dramatikern, die ich damals besprochen hatte, war John Galsworthy. Gorki war überrascht, dass ich Galsworthy für einen Künstler hielt. Seiner Meinung nach konnte Galsworthy nicht mit Bernard Shaw verglichen werden. Ich musste anderer Meinung sein. Ich unterschätzte Shaw nicht, hielt Galsworthy aber für den größeren Künstler. Ich bemerkte bei Gorki Verärgerung, und als sein trockener Husten anhielt, brach ich das Gespräch ab. Er ging bald. Ich blieb niedergeschlagen von dem Interview. Es gab mir nichts.

Als wir den Moskauer Bahnhof erreichten, war mein Begleiter Demjan Bedny verschwunden und ich blieb mit meinem ganzen Gepäck auf dem Bahnsteig zurück. Radek kam mir zu Hilfe. Er rief einen Gepäckträger, brachte mich und mein Gepäck zu seinem wartenden Auto und bestand darauf, dass ich in seine Wohnung im Kreml kam. Dort wurde ich von seiner Frau freundlich empfangen und zum Abendessen eingeladen, das von der Zofe serviert wurde. Danach begann Radek mit der schwierigen Aufgabe, mir ein Quartier im Hotel National zu besorgen, das als Erstes Haus des Moskauer Sowjets bekannt ist. Trotz seines Einflusses dauerte es Stunden, bis er ein Zimmer für mich fand.

Radeks luxuriöses Appartement, das Dienstmädchen, das herrliche Abendessen erschienen mir in Russland fremd. Aber die kameradschaftliche Fürsorge Radeks und die Gastfreundschaft seiner Frau waren mir eine Wohltat. Außer bei den Zorins und den Shatovs hatte ich nichts Vergleichbares erlebt. Ich spürte, dass in Russland noch Freundlichkeit, Sympathie und Solidarität lebendig waren.

KAPITEL IV
MOSKAU: ERSTE EINDRÜCKE

Von Petrograd nach Moskau zu kommen ist, als würde man plötzlich aus der Wüste ins aktive Leben versetzt, so groß ist der Kontrast. Als ich den großen offenen Platz vor dem Moskauer Hauptbahnhof erreichte, war ich erstaunt über den Anblick der geschäftigen Menschenmengen, Taxifahrer und Gepäckträger. Das gleiche Bild bot sich mir auf dem ganzen Weg vom Bahnhof zum Kreml. Die Straßen waren voller Männer, Frauen und Kinder. Fast jeder trug ein Bündel oder zog einen beladenen Schlitten. Es herrschte Leben, Bewegung und Bewegung, ganz anders als die Stille, die mich in Petrograd bedrückte.

Mir fielen beträchtliche Militäraufgebote in der Stadt auf, Dutzende von Männern in Lederanzügen mit Gewehren im Gürtel. „Tscheka-Männer, unsere Außerordentliche Kommission", erklärte Radek. Ich hatte schon früher von der Tscheka gehört: In Petrograd sprach man voller Furcht und Hass davon. Die Soldaten und Tscheka waren in der Stadt an der Newa jedoch nie besonders präsent. Hier in Moskau schienen sie überall zu sein. Ihre Anwesenheit erinnerte mich an eine Bemerkung, die Jack Reed gemacht hatte: „Moskau ist ein Militärlager", hatte er gesagt; „überall Spione, die Bürokratie höchst autokratisch. Ich fühle mich immer erleichtert, wenn ich Moskau verlasse. Aber Petrograd ist eine proletarische Stadt und vom Geist der Revolution durchdrungen. Moskau war schon immer hierarchisch. Heute ist es noch viel mehr." Ich fand, dass Jack Reed recht hatte. Moskau war tatsächlich hierarchisch. Dennoch war das Leben intensiv, abwechslungsreich und interessant. Was mich neben dem Militarismus am meisten beeindruckte, war die Beschäftigung der Menschen. Es schien keine gemeinsamen Interessen zwischen ihnen zu geben. Jeder lief als isolierte Einheit auf der Suche nach dem Seinen umher und stieß und stieß gegen jeden anderen. Wiederholt sah ich Frauen oder Kinder vor Erschöpfung umfallen, ohne dass jemand stehen blieb, um zu helfen. Die Leute starrten mich an, wenn ich mich über den Haufen auf dem rutschigen Bürgersteig beugte oder die Bündel aufsammelte, die auf die Straße gefallen waren. Ich sprach mit Freunden über das, was mir wie ein seltsamer Mangel an Mitgefühl vorkam. Sie erklärten es teilweise als Folge des allgemeinen Misstrauens und Argwohns, das die Tscheka hervorrief, und teilweise als Folge der in Anspruch nehmenden Aufgabe, die Lebensmittel für den Tag zu besorgen. Man hatte weder Kraft noch Gefühl, um an andere zu denken. Doch schien es nicht so einen Mangel an Lebensmitteln zu geben wie in Petrograd, und die Leute waren herzlicher und besser gekleidet.

Ich verbrachte viel Zeit auf den Straßen und Marktplätzen. Die meisten davon, wie auch der berühmte Soukharevka, waren in vollem Betrieb.

Gelegentlich überfielen Soldaten die Märkte, aber in der Regel durften sie weiterlaufen. Sie stellten den lebendigsten und interessantesten Teil des Stadtlebens dar. Hier versammelten sich Proletarier und Aristokraten, Kommunisten und Bürger, Bauern und Intellektuelle. Hier verband sie der gemeinsame Wunsch zu verkaufen und zu kaufen, zu handeln und zu feilschen. Hier konnte man einen rostigen Eisentopf neben einer exquisiten Ikone zum Verkauf finden; ein altes Paar Schuhe und kunstvoll gearbeitete Spitze; ein paar Meter billigen Kattun und einen schönen alten persischen Schal. Die Reichen von gestern, hungrig und ausgezehrt, die sich ihrer letzten Herrlichkeiten beraubten; die Reichen von heute beim Einkaufen – es war in der Tat ein erstaunliches Bild im revolutionären Russland.

Wer kaufte den Schmuck der Vergangenheit und woher kam die Kaufkraft? Die Käufer waren zahlreich. In Moskau war man hinsichtlich der Informationsquellen nicht so beschränkt wie in Petrograd; die Straßen selbst lieferten diese Quelle.

Das russische Volk blieb selbst nach vier Jahren Krieg und drei Jahren Revolution unbedarft. Fremden gegenüber war es zunächst misstrauisch und zurückhaltend. Als es jedoch erfuhr, dass jemand aus Amerika kam und nicht der regierenden politischen Partei angehörte, verlor es allmählich seine Zurückhaltung. Ich erhielt viele Informationen von ihnen und einige Erklärungen zu den Dingen, die mich seit meiner Ankunft verwirrten. Ich sprach häufig mit den Arbeitern und Bauern und den Frauen auf den Märkten.

Die Kräfte, die zur russischen Revolution geführt hatten, waren für diese einfachen Leute *terra incognita geblieben* , aber die Revolution selbst hatte ihre Seelen tief getroffen. Sie wussten nichts von Theorien, aber sie glaubten, dass es den verhassten *Barin* (Herrn) nicht mehr geben würde, und jetzt war der *Barin* wieder über sie hergefallen. „Der *Barin* hat alles", sagten sie, „Weißbrot, Kleidung, sogar Schokolade, während wir nichts haben." „Kommunismus, Gleichheit, Freiheit", spotteten sie, „Lügen und Betrug."

Ich kehrte verletzt und zerschlagen ins National zurück, meine Illusionen zerplatzten allmählich, meine Fundamente zerfielen. Aber ich ließ nicht locker. Schließlich, dachte ich, konnte das einfache Volk die ungeheuren Schwierigkeiten nicht verstehen, mit denen die Sowjetregierung konfrontiert war: die imperialistischen Kräfte, die gegen Russland vorgingen, die vielen Angriffe, die Russland seine Männer entzogen, die sonst in produktiver Arbeit eingesetzt worden wären, die Blockade, die Russlands junge und schwache Menschen unerbittlich tötete. Natürlich konnte das Volk diese Dinge nicht verstehen, und ich durfte mich nicht von ihrer Bitterkeit, die aus dem Leid geboren war, täuschen lassen. Ich musste geduldig sein. Ich musste an die Quelle der Übel gelangen, mit denen ich konfrontiert war.

Das National war wie das Petrograder Astoria ein ehemaliges Hotel, aber nicht annähernd in so gutem Zustand. Außer drei Viertelpfund Brot alle zwei Tage wurden dort keine Verpflegungen ausgegeben. Stattdessen gab es einen gemeinsamen Speisesaal, in dem Mittag- und Abendessen serviert wurden. Die Mahlzeiten bestanden aus Suppe und ein wenig Fleisch, manchmal Fisch oder Pfannkuchen, und Tee. Abends gab es normalerweise *Kascha* und Tee. Das Essen war nicht allzu reichlich, aber man konnte davon leben, wenn es nicht so abscheulich zubereitet wäre.

Ich sah keinen Grund für diese Verderbnis der Lebensmittel. Als ich die Küche besuchte, entdeckte ich eine Reihe von Bediensteten, die von einer Reihe von Beamten, Kommandanten und Inspektoren kontrolliert wurden. Das Küchenpersonal wurde schlecht bezahlt; außerdem bekam es nicht dasselbe Essen wie wir. Sie ärgerten sich über diese Diskriminierung und hatten kein Interesse an ihrer Arbeit. Diese Situation führte zu viel Korruption und Verschwendung, was angesichts der allgemeinen Lebensmittelknappheit kriminell war. Nur wenige der Mieter des National, so erfuhr ich, nahmen ihre Mahlzeiten im gemeinsamen Speisesaal ein. Sie bereiteten ihre Mahlzeiten in einer separaten Küche zu oder ließen sie von Bediensteten zubereiten, die für diesen Zweck vorgesehen war. Dort, wie im Astoria, fand ich das gleiche Gerangel um einen Platz am Herd, das gleiche Gezänk und Gezänk, das gleiche gierige, neidische Beobachten des anderen. War das Kommunismus in Aktion, fragte ich mich. Ich hörte die übliche Erklärung: Judenitsch, Denikin, Koltschak, die Blockade – aber die stereotypen Phrasen befriedigten mich nicht mehr.

Bevor ich Petrograd verließ, sagte Jack Reed zu mir: „Wenn Sie Moskau erreichen, suchen Sie Angelica Balabanova auf. Sie wird Sie gerne empfangen und Ihnen eine Unterkunft bieten, falls Sie kein Zimmer finden." Ich hatte schon früher von Balabanova gehört, kannte ihre Arbeit und war natürlich sehr gespannt darauf, sie kennenzulernen.

Ein paar Tage nach meiner Ankunft in Moskau rief ich sie an. Würde sie mich empfangen? Ja, sofort, obwohl sie sich nicht wohl fühlte. Ich fand Balabanova in einem kleinen, freudlosen Zimmer, zusammengekauert auf dem Sofa liegend. Sie war nicht einnehmend, abgesehen von ihren großen, leuchtenden Augen, die Mitgefühl und Freundlichkeit ausstrahlten. Sie empfing mich sehr freundlich, wie einen alten Freund, und bestellte sofort den unvermeidlichen Samowar. Beim Tee sprachen wir über Amerika, die Arbeiterbewegung dort, unsere Deportation und schließlich über Russland. Ich stellte ihr die Fragen, die ich vielen Kommunisten über die Gegensätze und Widersprüche gestellt hatte, mit denen ich auf Schritt und Tritt konfrontiert wurde. Sie überraschte mich, indem sie nicht die üblichen Ausreden brachte; sie war die erste, die den alten Refrain nicht wiederholte. Sie verwies zwar auf den Mangel an Nahrungsmitteln, Brennstoffen und

Kleidung, der für einen Großteil der Korruption und Bestechung verantwortlich war; aber im Großen und Ganzen fand sie das Leben selbst gemein und begrenzt. „Ein Fels, an dem die größten Hoffnungen zerschellen. Das Leben durchkreuzt die besten Absichten und bricht die besten Geister", sagte sie. Eine ziemlich ungewöhnliche Sichtweise für eine Marxistin, eine Kommunistin und jemanden, der mitten im Kampfgetümmel steckt. Ich wusste, dass sie damals Sekretärin der Dritten Internationale war. Sie war eine Persönlichkeit, die nicht nur ein Echo war, sondern die die Komplexität der russischen Situation zutiefst empfand. Ich ging zutiefst beeindruckt und angezogen von ihren traurigen, leuchtenden Augen weg.

Ich entdeckte bald, dass Balabanova – oder Balabanoff, wie sie lieber genannt wurde – jedem zu Diensten war. Obwohl sie bei schlechter Gesundheit war und viele Aufgaben übernahm, fand sie doch Zeit, sich um die Bedürfnisse ihrer Legionsrufer zu kümmern. Oft hatte sie selbst nichts Notwendiges, verschenkte ihre eigenen Rationen und war immer damit beschäftigt, Medikamente oder eine kleine Delikatesse für die Kranken und Leidenden zu besorgen. Ihre besondere Sorge galt den gestrandeten Italienern, von denen es in Petrograd und Moskau eine ganze Menge gab. Balabanova hatte viele Jahre in Italien gelebt und gearbeitet, bis sie beinahe selbst Italienerin geworden wäre. Sie fühlte tief mit ihnen, die so weit weg von ihrem Heimatboden wie von den Ereignissen in Russland waren. Sie war ihre Freundin, ihre Beraterin, ihre wichtigste Stütze in einer Welt voller Streit und Kampf. Nicht nur die Italiener, sondern fast alle anderen waren die Sorge dieser bemerkenswerten kleinen Frau: Niemand brauchte einen kommunistischen Mitgliedsausweis, um Angelicas Herz zu berühren. Kein Wunder, dass einige ihrer Kameraden sie für eine „Sentimentalistin hielten, die ihre kostbare Zeit mit Philanthropie verschwendete". Zu diesem Thema lieferte ich mir viele Wortgefechte mit dem Typus Kommunist, der gefühllos und hart geworden war und denen die Eigenschaften fehlten, die die russischen Idealisten der Vergangenheit kennzeichneten.

Ähnliche Kritik wie an Balabanova hörte ich auch an einem anderen führenden Kommunisten, Lunatscharski. Schon in Petrograd hatte man mir höhnisch gesagt: „Lunatscharski ist ein Wirrkopf, der Millionen für törichte Unternehmungen verschwendet." Aber ich wollte unbedingt den Mann kennenlernen, der Kommissar eines der wichtigsten Ressorts in Russland war, nämlich des Bildungswesens. Bald bot sich eine Gelegenheit dazu.

Der Kreml, die alte Zitadelle des Zarenreichs, war schwer bewacht und für den „einfachen" Menschen unzugänglich. Aber ich war nach Vereinbarung und in Begleitung eines Mannes gekommen, der eine Eintrittskarte hatte, und kam daher ohne Probleme an der Wache vorbei. Bald erreichten wir die Lunatscharski-Wohnungen, die sich in einem alten, malerischen Gebäude innerhalb der Mauern befanden. Obwohl der Empfangsraum mit Leuten überfüllt war, die darauf warteten, eingelassen zu werden, rief Lunatscharski mich herein, sobald ich angekündigt wurde.

Seine Begrüßung war sehr herzlich. Eine seiner ersten Fragen war, ob ich „die Absicht habe, ein freier Vogel zu bleiben“, oder ob ich bereit wäre, ihn bei seiner Arbeit zu unterstützen. Ich war ziemlich überrascht. Warum sollte man seine Freiheit aufgeben müssen, besonders in der Bildungsarbeit? Waren Initiative und Freiheit nicht unerlässlich? Ich war jedoch gekommen, um von Lunatscharski etwas über das revolutionäre Bildungssystem in Russland zu erfahren, von dem wir in Amerika so viel gehört hatten. Besonders interessierte mich die Betreuung der Kinder. Die Moskauer *Prawda* war ebenso wie die Petrograder Zeitungen durch eine Kontroverse über die Behandlung moralisch Behinderter aufgewühlt worden. Ich äußerte meine Überraschung über eine solche Haltung in Sowjetrussland. „Natürlich ist das alles barbarisch und veraltet“, sagte Lunatscharski, „und ich kämpfe mit Händen und Füßen dagegen. Die Träger der Kindergefängnisse sind alte Strafrechtler, die noch immer von den Methoden des Zarismus durchdrungen sind. Ich habe eine Kommission aus Ärzten, Pädagogen und Psychologen organisiert, die sich mit dieser Frage befassen soll. Natürlich dürfen diese Kinder nicht bestraft werden.“ Ich war ungeheuer erleichtert. Endlich war da ein Mann, der sich von den grausamen alten Strafmethoden gelöst hatte. Ich erzählte ihm von der großartigen Arbeit, die Richter Lindsay im kapitalistischen Amerika geleistet hatte, und von einigen Versuchsschulen für behinderte Kinder. Lunatscharski war sehr interessiert. „Ja, genau das wollen wir hier, das amerikanische Bildungssystem“, rief er aus. „Sie meinen doch sicher nicht das amerikanische öffentliche Schulsystem?“, fragte ich. „Sie kennen die Aufstandsbewegung in Amerika gegen unsere öffentliche Schulmethode, die Arbeit von Professor Dewey und anderen?“ Lunatscharski hatte wenig davon gehört. Russland war so lange von der westlichen Welt abgeschnitten gewesen und es gab einen großen Mangel an Büchern über moderne Bildung. Er war begierig darauf, die neuen Ideen und Methoden kennenzulernen. Ich spürte in Lunatscharski eine Persönlichkeit voller Glauben und Hingabe an die Revolution, eine Person, die das große Werk der Bildung in einer physisch und geistig schwierigen Umgebung fortsetzte.

Er schlug vor, eine Lehrerkonferenz einzuberufen, wenn ich mit ihnen über die neuen Tendenzen im amerikanischen Bildungswesen sprechen würde, und ich stimmte dem bereitwillig zu. Später sollten Schulen und andere Einrichtungen, die ihm unterstanden, besucht werden. Ich verließ Lunatscharski voller neuer Hoffnung. Ich würde ihn bei seiner Arbeit unterstützen, dachte ich. Welchen größeren Dienst könnte man dem russischen Volk erweisen?

Während meines Moskau-Besuchs traf ich Lunatscharski mehrmals. Er war immer derselbe freundliche und liebenswürdige Mann, aber ich bemerkte bald, dass er in seiner Arbeit durch Kräfte innerhalb seiner eigenen Partei behindert wurde: Die meisten seiner guten Absichten und Entscheidungen kamen nie ans Licht. Offensichtlich war Lunatscharski in derselben Maschine gefangen, die anscheinend alles in ihrem eisernen Griff hielt. Was war das für eine Maschine? Wer lenkte ihre Bewegungen?

Obwohl die Besucherkontrolle im National sehr streng war und niemand ohne Sondergenehmigung hinein- oder hinausgehen durfte , gelang es Männern und Frauen verschiedener politischer Gruppierungen, mich zu besuchen: Anarchisten, linke Sozialrevolutionäre, Genossenschaftler und Leute, die ich in Amerika gekannt hatte und die nach Russland zurückgekehrt waren, um ihren Teil zur Revolution beizutragen. Sie waren mit tiefem Glauben und großen Hoffnungen gekommen, aber ich fand sie fast alle entmutigt, manche sogar verbittert. Obwohl sie in ihren politischen Ansichten sehr unterschiedlich waren, erzählten fast alle meine Besucher dieselbe Geschichte: die Geschichte vom Höhepunkt der Revolution, von dem wunderbaren Geist, der das Volk vorwärts führte, von den Möglichkeiten der Massen, der Rolle der Bolschewiki als Sprecher der extremsten revolutionären Parolen und ihrem Verrat an der Revolution, nachdem sie die Macht erobert hatten. Alle sprachen vom Frieden von Brest-Litowsk als dem Beginn des Abstiegs. Besonders die linken Sozialrevolutionäre, Männer von Kultur und Ernsthaftigkeit, die unter dem Zaren viel gelitten hatten und nun ihre Hoffnungen und Hoffnungen vereitelt sahen, verurteilten dies nachdrücklich. Sie untermauerten ihre Aussagen mit Beweisen für die Verwüstungen, die durch die Methoden der Zwangsrequirierung und der Strafexpeditionen in die Dörfer angerichtet wurden, für die Kluft zwischen Stadt und Land, für den Hass zwischen Bauern und Arbeitern. Sie berichteten von der Verfolgung ihrer Kameraden, der Erschießung unschuldiger Männer und Frauen, der verbrecherischen Ineffizienz, Verschwendung und Zerstörung.

Wie konnten die Bolschewiki dann an der Macht bleiben? Schließlich waren sie nur eine kleine Minderheit, etwa 500.000 Mitglieder, wenn man es übertrieben schätzt. Die russischen Massen, so wurde mir gesagt, waren vom Hunger erschöpft und vom Terrorismus eingeschüchtert. Außerdem hatten sie den Glauben an alle Parteien und Ideen verloren. Trotzdem kam es in verschiedenen Teilen Russlands häufig zu Bauernaufständen, die jedoch erbarmungslos niedergeschlagen wurden. Es gab auch ständig Streiks in Moskau, Petrograd und anderen Industriezentren, aber die Zensur war so streng, dass die Massen davon kaum etwas erfuhren.

Ich fragte meine Besucher nach Interventionen. „Wir wollen keine Einmischung von außen", war die einhellige Meinung. Sie waren der

Meinung, dass dies lediglich die Position der Bolschewiki stärke. Sie waren der Meinung, dass sie sich nicht einmal öffentlich gegen sie aussprechen könnten, solange Russland angegriffen wird, geschweige denn gegen ihr Regime kämpfen. „Wurden den Bolschewiki ihre Taktiken und Methoden nicht durch Interventionen und Blockaden aufgezwungen?", argumentierte ich. „Nur teilweise", war die Antwort. „Die meisten ihrer Methoden entspringen ihrem Mangel an Verständnis für den Charakter und die Bedürfnisse des russischen Volkes und der wahnsinnigen Besessenheit von Diktatur, die nicht einmal die Diktatur des Proletariats ist, sondern die Diktatur einer kleinen Gruppe *über* das Proletariat."

Als ich das Thema der Volkssowjets und der Wahlen ansprach, lächelten meine Besucher. „Wahlen! So etwas gibt es in Russland nicht, es sei denn, man nennt Drohungen und Terror Wahlen. Nur durch sie sichern sich die Bolschewiki die Mehrheit. Ein paar Menschewiki, Sozialrevolutionäre oder Anarchisten dürfen sich in die Sowjets einschleichen, aber sie haben nicht den Hauch einer Chance, gehört zu werden."

Das gemalte Bild sah schwarz und düster aus. Trotzdem klammerte ich mich an meinen Glauben.

KAPITEL V
MENSCHEN TREFFEN

Auf einer Konferenz der Moskauer Anarchisten im März erfuhr ich zum ersten Mal von der Rolle, die einige Anarchisten in der russischen Revolution gespielt hatten. Beim Juliaufstand 1917 wurden die Kronstädter Matrosen vom Anarchisten Jartschuck angeführt; die Konstituierende Versammlung wurde von Schelesnjakow aufgelöst; die Anarchisten waren an allen Fronten im Einsatz und halfen, die Angriffe der Alliierten zurückzuschlagen. Es herrschte allgemeine Meinung, dass die Anarchisten immer zu den ersten gehörten, die unter Beschuss standen, da sie auch bei den Wiederaufbauarbeiten am aktivsten waren. Eine der größten Fabriken in der Nähe Moskaus, die während der gesamten Revolution ihre Arbeit nicht einstellte, wurde von einem Anarchisten geleitet. Anarchisten leisteten wichtige Arbeit im Außenministerium und in allen anderen Abteilungen. Ich erfuhr, dass die Anarchisten den Bolschewiki praktisch zur Macht verholfen hatten. Fünf Monate später, im April 1918, wurden Maschinengewehre eingesetzt, um den Moskauer Anarchistenclub zu zerstören und seine Presse zu unterdrücken. Das war, bevor Mirbach in Moskau ankam. Das Feld musste „von störenden Elementen gesäubert" werden, und die Anarchisten waren die ersten, die darunter zu leiden hatten. Seitdem hat die Verfolgung der Anarchisten nie aufgehört.

Die Moskauer Anarchistenkonferenz war nicht nur gegenüber dem bestehenden Regime, sondern auch gegenüber ihren eigenen Genossen kritisch eingestellt. Sie sprach offen über die negativen Seiten der Bewegung und ihren Mangel an Einheit und Zusammenarbeit während der Revolutionszeit. Später erfuhr ich mehr über die internen Meinungsverschiedenheiten innerhalb der anarchistischen Bewegung. Vor ihrem Abschluss beschloss die Konferenz, die Sowjetregierung aufzufordern, die inhaftierten Anarchisten freizulassen und die anarchistische Bildungsarbeit zu legalisieren. Die Konferenz bat Alexander Berkman und mich, die entsprechende Resolution zu unterzeichnen. Es war ein Schock für mich, dass Anarchisten eine Regierung auffordern sollten, ihre Bemühungen zu legalisieren, aber ich glaubte immer noch, dass die Sowjetregierung zumindest bis zu einem gewissen Grad ein Ausdruck der Revolution war. Ich unterzeichnete die Resolution und da ich Lenin in einigen Tagen sehen sollte, versprach ich, die Angelegenheit mit ihm zu besprechen.

Das Gespräch mit Lenin wurde von Balabanova arrangiert. „Sie müssen Ilitsch sehen, mit ihm über die Dinge sprechen, die Sie beunruhigen, und über die Arbeit, die Sie gerne tun würden", hatte sie gesagt. Doch es verging einige Zeit, bis sich die Gelegenheit dazu bot. Schließlich rief Balabanova eines Tages an und fragte, ob ich sofort kommen könne. Lenin hatte sein Auto geschickt, und wir wurden schnell zum Kreml gefahren, ohne Fragen an den Wachen vorbei und schließlich in das Arbeitszimmer des allmächtigen Präsidenten der Volkskommissare geführt.

Als wir eintraten, hielt Lenin ein Exemplar der Broschüre „ *Prozess und Reden* " [2] in den Händen. Ich hatte mein einziges Exemplar Balabanova gegeben, die die Broschüre offensichtlich schon vor uns an Lenin geschickt hatte. Eine seiner ersten Fragen war: „Wann kann man in Amerika mit der sozialen Revolution rechnen?" Diese Frage war mir schon oft gestellt worden, aber ich war erstaunt, sie ausgerechnet von Lenin zu hören. Es schien unglaublich, dass ein Mann mit seinen Kenntnissen so wenig über die Verhältnisse in Amerika wissen konnte.

Mein Russisch war zu diesem Zeitpunkt noch schleppend, aber Lenin erklärte, dass er zwar viele Jahre in Europa gelebt habe, aber keine Fremdsprachen gelernt habe: Das Gespräch müsse daher auf Russisch geführt werden. Sofort begann er eine Lobrede auf unsere Reden vor Gericht. „Was für eine großartige Gelegenheit für Propaganda", sagte er; „es lohnt sich, ins Gefängnis zu gehen, wenn die Gerichte so erfolgreich in ein Forum verwandelt werden können." Ich spürte seinen festen, kalten Blick auf mir, der mein Innerstes durchdrang, als würde er darüber nachdenken, wofür ich eingesetzt werden könnte. Dann fragte er mich, was ich tun wolle. Ich sagte ihm, dass ich Amerika gern zurückzahlen würde, was es für Russland getan hatte. Ich sprach von der Gesellschaft der Freunde der russischen Freiheit, die vor dreißig Jahren von George Kennan gegründet und später von Alice Stone Blackwell und anderen liberalen Amerikanern neu organisiert wurde. Ich skizzierte kurz die großartige Arbeit, die sie geleistet hatten, um Interesse am Kampf für die russische Freiheit zu wecken, und die große moralische und finanzielle Hilfe, die die Gesellschaft in all diesen Jahren geleistet hatte. Mein Plan war, eine russische Gesellschaft für die amerikanische Freiheit zu gründen. Lenin schien begeistert zu sein. „Das ist eine großartige Idee, und Sie werden jede Hilfe bekommen, die Sie brauchen. Aber natürlich wird das unter der Schirmherrschaft der Dritten Internationale geschehen. Bereiten Sie Ihren Plan schriftlich vor und schicken Sie ihn mir."

Ich sprach das Thema der Anarchisten in Russland an. Ich zeigte ihm einen Brief, den ich kurz vor meiner Deportation von Martens, dem sowjetischen Vertreter in Amerika, erhalten hatte. Martens behauptete, dass die Anarchisten in Russland volle Rede- und Pressefreiheit genießen. Seit meiner Ankunft fand ich Dutzende Anarchisten im Gefängnis und ihre Presse wurde unterdrückt. Ich erklärte, dass ich nicht daran denken könne, mit der sowjetischen Regierung zusammenzuarbeiten, solange meine Kameraden wegen ihrer Meinung im Gefängnis säßen. Ich erzählte ihm auch von den

Beschlüssen der Moskauer Anarchistenkonferenz. Er hörte geduldig zu und versprach, die Angelegenheit seiner Partei zur Kenntnis zu bringen. "Aber was die freie Meinungsäußerung betrifft", bemerkte er, "das ist natürlich eine bürgerliche Vorstellung. In einer revolutionären Periode kann es keine freie Meinungsäußerung geben. Wir haben die Bauern gegen uns, weil wir ihnen nichts für ihr Brot geben können. Wir werden sie auf unserer Seite haben, wenn wir etwas zum Tauschen haben. Dann können Sie so viel freie Meinungsäußerung haben, wie Sie wollen - aber nicht jetzt. Vor kurzem brauchten wir Bauern, die Holz in die Stadt karren. Sie verlangten Salz. Wir dachten, wir hätten kein Salz, aber dann entdeckten wir in Moskau in einem unserer Lagerhäuser siebzig Pud. Sofort waren die Bauern bereit, das Holz zu karren. Ihre Kameraden müssen warten, bis wir die Bedürfnisse der Bauern erfüllen können. In der Zwischenzeit sollten sie mit uns zusammenarbeiten. Sehen Sie sich zum Beispiel William Shatov an, der geholfen hat, Petrograd vor Yudenitch zu retten. Er arbeitet mit uns und wir schätzen seine Dienste. Shatov war einer der ersten, die den Orden des Roten Banners erhielten."

Meinungsfreiheit, Pressefreiheit und die geistigen Errungenschaften der Jahrhunderte – was bedeuteten sie diesem Mann? Als Puritaner war er überzeugt, dass nur sein Plan Russland retten könnte. Diejenigen, die seinen Plänen dienten, hatten recht, die anderen konnten nicht geduldet werden.

Ein gerissener Asiate, dieser Lenin. Er weiß, wie man die schwachen Seiten der Menschen durch Schmeicheleien, Belohnungen und Medaillen ausnutzt. Ich war überzeugt, dass er die Menschen rein utilitaristisch behandelte, um sie für seine Pläne zu nutzen. Und sein Plan – war es die Revolution?

Ich bereitete den Plan für die Gesellschaft der russischen Freunde der amerikanischen Freiheit vor und arbeitete die Einzelheiten der Arbeit aus, die mir vorschwebte, weigerte mich jedoch, mich unter den schützenden Flügel der Dritten Internationale zu stellen. Ich erklärte Lenin, dass das amerikanische Volk wenig Vertrauen in die Politik habe und es sicherlich als Zumutung betrachte, von einer politischen Maschinerie aus Moskau gelenkt und geleitet zu werden. Ich konnte mich nicht konsequent der Dritten Internationale anschließen.

Einige Zeit später traf ich Tschitscherin. Ich glaube, es war 4 Uhr morgens , als unser Gespräch stattfand. Er fragte auch nach den Möglichkeiten einer Revolution in Amerika und schien an meinem Urteil zu zweifeln, als ich ihm mitteilte, dass es in naher Zukunft keine Hoffnung darauf gebe. Wir sprachen über die IWW, die ihm gegenüber offensichtlich falsch dargestellt worden war. Ich versicherte Tschitscherin, dass ich zwar kein IWW-Mitglied sei, aber dennoch sagen müsse, dass sie die einzige bewusste und wirksame revolutionäre proletarische Organisation in den Vereinigten Staaten darstellten und mit Sicherheit eine wichtige Rolle in der zukünftigen Arbeitergeschichte des Landes spielen würden.

Neben Balabanova machte Tschitscherin auf mich den Eindruck des einfachsten und bescheidensten der führenden Kommunisten in Moskau. Aber alle waren in ihrer Einschätzung der Welt außerhalb Russlands gleichermaßen naiv. War ihr Urteil deshalb so fehlerhaft, weil sie so lange von Europa und Amerika abgeschnitten waren? Oder war ihr großer Bedarf an europäischer Hilfe der Grund für ihren Wunsch? Jedenfalls klammerten sie sich alle an die Vorstellung herannahender Revolutionen in den westlichen Ländern, vergaßen dabei, dass Revolutionen nicht auf Bestellung gemacht werden, und waren sich anscheinend nicht bewusst, dass ihre eigene Revolution aus ihrer Form und ihrem Schein verdreht und allmählich zu Tode geritten wurde.

Der Herausgeber des Londoner *Daily Herald* war mir in Begleitung eines seiner Reporter nach Moskau vorausgefahren. Sie wollten Kropotkin besuchen und hatten dafür ein spezielles Auto bekommen. Zusammen mit Alexander Berkman und A. Shapiro konnte ich Herrn Lansbury treffen.

Das Kropotkin-Häuschen stand abseits der Straße im Garten. Nur der schwache Strahl einer Petroleumlampe erhellte den Weg zum Haus. Kropotkin empfing uns mit seiner ihm eigenen Freundlichkeit, offensichtlich froh über unseren Besuch. Aber ich war schockiert über sein verändertes Aussehen. Das letzte Mal hatte ich ihn 1907 in Paris gesehen, das ich nach dem Anarchistenkongress in Amsterdam besuchte. Kropotkin, der viele Jahre lang aus Frankreich verbannt worden war, hatte gerade die Erlaubnis zur Rückkehr erhalten. Er war damals 65 Jahre alt, aber immer noch so voller Leben und Energie, dass er viel jünger wirkte. Jetzt sah er alt und abgekämpft aus.

Ich wollte von Kropotkin unbedingt etwas über die Probleme erfahren, die mich beschäftigten, insbesondere über die Beziehung der Bolschewiki zur Revolution. Was war seine Meinung? Warum hatte er so lange geschwiegen?

Ich habe mir keine Notizen gemacht und kann daher nur das Wesentliche von Kropotkins Ausführungen wiedergeben. Er erklärte, die Revolution habe das Volk zu großen geistigen Höhen geführt und den Weg für tiefgreifende soziale Veränderungen geebnet. Wenn man dem Volk erlaubt hätte, seine freigesetzten Energien einzusetzen, wäre Russland heute nicht in seinem ruinierten Zustand. Die Bolschewiki, die von der revolutionären Welle an die Spitze getragen worden waren, erregten als erste mit extremen revolutionären Parolen das Gehör der Bevölkerung und gewannen so das Vertrauen der Massen und die Unterstützung militanter Revolutionäre.

Er erzählte weiter, dass die Bolschewiki schon zu Beginn des Oktobers damit begannen, die Interessen der Revolution der Errichtung ihrer Diktatur unterzuordnen, die jede gesellschaftliche Aktivität erzwang und lähmte. Er erklärte, dass die Genossenschaften das wichtigste Medium gewesen seien, um die Interessen der Bauern und der Arbeiter zu vereinen. Die Genossenschaften gehörten zu den ersten, die zerschlagen wurden. Er sprach mit viel Gefühl von der Unterdrückung, der Verfolgung, der Hetzjagd auf jede Meinungsrichtung und führte zahlreiche Beispiele für das Elend und die Not des Volkes an. Er betonte, dass die Bolschewiki den Sozialismus und den Kommunismus in den Augen des russischen Volkes diskreditiert hätten.

"Warum haben Sie Ihre Stimme nicht gegen diese Übel erhoben, gegen diese Maschine, die der Revolution das Lebensblut aussaugt?", fragte ich. Er nannte zwei Gründe. Solange Russland von den vereinigten Imperialisten angegriffen wurde und russische Frauen und Kinder an den Folgen der Blockade starben, konnte er sich nicht dem kreischenden Chor der Ex-Revolutionäre anschließen und "Kreuzige!" rufen. Er zog Schweigen vor. Zweitens gab es in Russland selbst kein Medium, um sich auszudrücken. Es war sinnlos, bei der Regierung zu protestieren. Ihr ging es nur darum, an der Macht zu bleiben. Sie konnte nicht bei solchen "Kleinigkeiten" wie Menschenrechten oder Menschenleben haltmachen. Dann fügte er hinzu: "Wir haben immer auf die Auswirkungen des Marxismus in Aktion hingewiesen. Warum sollte man jetzt überrascht sein?"

Ich fragte Kropotkin, ob er seine Eindrücke und Beobachtungen aufschreibe. Sicherlich muss er die Bedeutung solcher Aufzeichnungen für seine Kameraden und die Arbeiter, ja für die ganze Welt, erkennen. „Nein", sagte er, „es ist unmöglich zu schreiben, wenn man sich inmitten großen menschlichen Leidens befindet, wenn jede Stunde neue Tragödien bringt. Dann kann es jeden Moment zu einer Razzia kommen. Die Tscheka kommt in der Nacht herabgestürzt, durchsucht jede Ecke, stülpt alles um und marschiert mit jedem Stück Papier davon. Unter solch ständigem Stress ist es unmöglich, Aufzeichnungen zu machen. Aber neben diesen Überlegungen gibt es da noch mein Buch über Ethik. Ich kann nur ein paar Stunden am Tag arbeiten und muss mich ausschließlich darauf konzentrieren."

Nach einer zärtlichen Umarmung, die Peter seinen Lieben immer schenkte, kehrten wir zu unserem Auto zurück. Mein Herz war schwer, mein Geist verwirrt und beunruhigt von dem, was ich gehört hatte. Auch der schlechte Gesundheitszustand unseres Kameraden beunruhigte mich: Ich befürchtete, er würde den Frühling nicht überleben. Der Gedanke, dass Peter Kropotkin ins Grab gehen könnte und die Welt nie erfahren würde, was er von der russischen Revolution hielt, war entsetzlich.

FUSSNOTE:

[2] *Prozess und Reden von Alexander Berkman und Emma Goldman vor dem Bundesgericht von New York, Juni-Juli 1917.* Mother Earth Publishing Co., New York.

KAPITEL VI
VORBEREITUNG AUF AMERIKANISCHE DEPORTIERTE

Die Ereignisse in Moskau, die sich rasch aufeinander folgten, waren höchst interessant. Ich wollte in dieser lebenswichtigen Stadt bleiben, aber da ich alle meine Sachen in Petrograd zurückgelassen hatte, beschloss ich, dorthin zurückzukehren und dann nach Moskau zurückzukehren, um Lunatscharski bei seiner Arbeit zu unterstützen. Einige Tage vor meiner Abreise besuchte mich eine junge Frau, eine Anarchistin. Sie war vom Petrograder Revolutionsmuseum und rief mich an, um zu fragen, ob ich die Leitung der Zweigstelle des Museums in Moskau übernehmen würde. Sie erklärte, dass die ursprüngliche Idee des Museums von der berühmten alten Revolutionärin Vera Nikolaievna Figner stammte und dass es vor kurzem von parteilosen Elementen organisiert worden war. Die Mehrheit der Männer und Frauen, die im Museum arbeiteten, seien keine Kommunisten, sagte sie; aber sie seien der Revolution ergeben und bestrebt, etwas zu schaffen, das in Zukunft ernsthaften Studenten der großen russischen Revolution als Informations- und Inspirationsquelle dienen könnte. Als meine Besucherin erfuhr, dass ich im Begriff war, nach Petrograd zurückzukehren, lud sie mich ein, das Museum zu besuchen und mich mit seiner Arbeit vertraut zu machen.

Bei meiner Ankunft in Petrograd erwartete mich unerwartete Arbeit. Zorin teilte mir mit, dass Tschitscherin ihm mitgeteilt habe, dass tausend Russen aus Amerika deportiert worden seien und auf dem Weg nach Russland seien. Sie sollten an der Grenze abgeholt und in Petrograd sofort Quartiere für sie vorbereitet werden. Zorin bat mich, der Kommission beizutreten, die zu diesem Zweck gerade gebildet werde.

Der Plan einer solchen Kommission für amerikanische Deportierte war Zorin bald nach unserer Ankunft in Russland vorgetragen worden. Damals wies Zorin uns an, die Angelegenheit mit Tschitscherin zu besprechen, was wir auch taten. Aber drei Monate vergingen, ohne dass etwas unternommen worden wäre. In der Zwischenzeit wanderten unsere Kameraden von der *Buford* immer noch von Abteilung zu Abteilung und versuchten, dort eingesetzt zu werden, wo sie etwas Gutes tun könnten. Sie waren ein trauriger Haufen, diese Männer, die mit so großen Erwartungen nach Russland gekommen waren, begierig darauf, dem revolutionären Volk zu dienen. Die meisten von ihnen waren Facharbeiter, Mechaniker – Männer, die Russland dringend brauchte; aber die schwerfällige bolschewistische Maschinerie und die allgemeine Ineffizienz machten es sehr kompliziert, sie in Arbeit zu bringen. Einige hatten versucht, auf eigene Faust Arbeit zu finden, aber sie konnten sehr wenig erreichen. Darüber hinaus bekamen diejenigen, die eine Anstellung fanden, bald zu spüren, dass die russischen Arbeiter den Eifer und die Intensität ihrer Brüder aus Amerika übel nahmen. „Warten Sie, bis Sie so lange gehungert haben wie wir", sagten sie, „warten Sie, bis Sie die Segnungen des Kommissaramts gekostet haben, und wir werden sehen, ob Sie immer noch so eifrig sind." Die Deportierten wurden in jeder Hinsicht entmutigt und ihre Begeisterung gedämpft.

Um diese unnötige Energieverschwendung und dieses Leiden zu vermeiden, wurde schließlich in Petrograd die Kommission gebildet. Sie bestand aus Ravitch, der damaligen Innenministerin des Nordbezirks, ihrem Sekretär Kaplun, zwei Mitgliedern des Büros für Kriegsgefangene, Alexander Berkman und mir. Die neuen Deportierten sollten in zwei Wochen eintreffen, und es gab viel Arbeit, um ihre Aufnahme vorzubereiten. Leider konnte von Ravitch keine aktive Beteiligung erwartet werden, da ihre Zeit zu sehr beansprucht war. Neben ihrem Posten als Innenministerin war sie Chefin der Petrograder Miliz und vertrat auch das Moskauer Außenministerium in Petrograd. Ihre reguläre Arbeitszeit war von 8 bis 2 Uhr morgens. Kaplun, ein sehr fähiger Verwalter, war für die gesamte interne Arbeit der Abteilung verantwortlich und konnte uns daher nur sehr wenig von seiner Zeit widmen. Es blieben nur vier Personen übrig, um innerhalb kurzer Zeit die große Aufgabe zu erfüllen, Unterkünfte für tausend Deportierte im ausgehungerten und zerstörten Russland vorzubereiten. Darüber hinaus musste Alexander Berkman, der Leiter des Aufnahmekomitees, zur lettischen Grenze aufbrechen, um die Verbannten zu treffen.

Für eine Person allein war das eine fast unmögliche Aufgabe, aber ich wollte der zweiten Gruppe von Deportierten unbedingt die bitteren Erfahrungen und Enttäuschungen meiner Kameraden von der *Buford ersparen* . Ich konnte die Arbeit nur unter der Bedingung übernehmen, dass man mir Zutritt zu den verschiedenen Regierungsabteilungen gewährte, denn ich hatte inzwischen erfahren, wie lähmend die bürokratische Bürokratie wirkte, die die ernsthaftesten und energischsten Bemühungen verzögerte und oft vereitelte. Kaplun willigte ein. „Rufen Sie mich jederzeit an, wenn Sie etwas benötigen", sagte er. „Ich werde befehlen, dass Sie überall zugelassen und mit allem versorgt werden, was Sie brauchen. Wenn das nicht hilft, rufen Sie die Tscheka an", fügte er hinzu. Ich hatte noch nie die Polizei gerufen, teilte ich ihm mit; warum sollte ich das im revolutionären Russland tun? „In bürgerlichen Ländern ist das eine andere Sache", erklärte Kaplun. „Bei uns verteidigt die Tscheka die Revolution und bekämpft Sabotage." Ich begann meine Arbeit, entschlossen, ohne die Tscheka auszukommen. Es muss doch andere Methoden geben, dachte ich.

Dann begann eine Hetzjagd über Petrograd. Materialien waren sehr knapp und es war äußerst schwierig, sie zu beschaffen, aufgrund der unglaublich zentralisierten bolschewistischen Methoden. Um ein Pfund Nägel zu bekommen, musste man also bei etwa zehn oder fünfzehn Büros Anträge stellen; um sich Bettwäsche oder normales Geschirr zu sichern, vergeudete man Tage. Überall in den Büros standen Scharen von Regierungsangestellten herum, rauchten Zigaretten und warteten auf die Stunde, in der die langweilige Arbeit des Tages vorbei sein würde. Meine Mitarbeiter des Kriegsgefangenenbüros ärgerten sich über die ärgerlichen und unnötigen Verzögerungen, aber ohne Erfolg. Sie drohten mit der Tscheka, mit dem Konzentrationslager, sogar mit *raztrel* (Erschießung). Letzteres war das beliebteste Argument. Wann immer irgendwelche Schwierigkeiten auftraten, hörte man sofort *raztreliat* – erschossen werden. Aber der Ausdruck, so schrecklich in seiner Bedeutung, verlor allmählich seine Wirkung auf die Menschen: Der Mensch gewöhnt sich an alles.

Ich beschloss, andere Methoden auszuprobieren. Ich wollte mit den Mitarbeitern in den Abteilungen über das vitale Interesse der bewussten amerikanischen Arbeiter an der großen russischen Revolution sprechen und über ihren Glauben und ihre Hoffnung in das russische Proletariat. Die Leute waren sofort interessiert, aber die Fragen, die sie stellten, waren ebenso seltsam wie erbärmlich: „Haben die Leute in Amerika genug zu essen? Wie bald wird die Revolution dort sein? Warum sind Sie in das hungernde Russland gekommen?" Sie waren begierig auf Informationen und Nachrichten, diese geistig und körperlich ausgehungerten Menschen, die durch die barbarische Blockade von allen Kontakten mit der westlichen Welt abgeschnitten waren. Amerikanische Dinge waren etwas Wunderbares für sie. Ein Stück Schokolade oder ein Cracker waren unerhörte Leckereien – sie erwiesen sich als Schlüssel zu jedermanns Herzen.

Innerhalb von zwei Wochen gelang es mir, die meisten Dinge zu beschaffen, die die erwarteten Deportierten brauchten, darunter Möbel, Wäsche und Geschirr. Ein Wunder, sagten alle.

Die Renovierung der Häuser, die den Verbannten als Wohnquartiere dienen sollten, war jedoch nicht so einfach. Ich besichtigte, was, wie man mir sagte, einst erstklassige Hotels gewesen waren. Ich fand sie im ehemaligen Prostituiertenviertel; es waren billige Spelunken, bis die Bolschewiki alle Bordelle schlossen. Sie waren voller Keime, übelriechend und schmutzig. Es war kein kleines Problem, diese dunklen Löcher innerhalb von zwei Wochen in eine angemessene Behausung zu verwandeln. Ein Anstrich war ein Luxus, an den man nicht denken konnte. Es blieb nichts anderes übrig, als die Räume von Möbeln und Vorhängen zu befreien und sie gründlich reinigen und desinfizieren zu lassen.

Eines Morgens wurde eine Gruppe verzweifelt aussehender Kreaturen, die von zwei Milizionären angeführt wurden, in mein provisorisches Büro gebracht. Sie kamen zur Arbeit, wurde mir mitgeteilt. Die Gruppe bestand aus einem einarmigen alten Mann, einer schwindsüchtigen Frau und acht Jungen und Mädchen, noch Kinder, bleich, verhungert und in Lumpen. „Woher kommen diese Unglücklichen?", fragte ich. „Sie sind Spekulanten", antwortete einer der Milizionäre; „wir haben sie auf dem Markt zusammengetrieben." Die Gefangenen begannen zu weinen. Sie seien keine Spekulanten, protestierten sie; sie hungerten, sie hätten seit zwei Tagen kein Brot bekommen. Sie waren gezwungen, auf den Markt zu gehen, um Streichhölzer oder Garn zu verkaufen, um sich ein wenig Brot zu sichern. Mitten in dieser Szene fiel der alte Mann vor Erschöpfung in Ohnmacht und bewies damit besser als Worte, dass er nur aus Hunger spekuliert hatte. Ich hatte solche „Spekulanten" schon früher gesehen, wie sie in Gruppen von Konvois mit geladenen Gewehren, die auf die Rücken der Gefangenen gerichtet waren, durch die Straßen Moskaus und Petrograds getrieben wurden.

Ich konnte mir nicht vorstellen, diese ausgehungerten Kreaturen die Arbeit machen zu lassen. Aber die Milizionäre bestanden darauf, sie nicht gehen zu lassen; sie hätten den Befehl, sie arbeiten zu lassen. Ich rief Kaplun an und teilte ihm mit, dass ich es für undenkbar hielte, Quartiere für amerikanische Deportierte von russischen Sträflingen vorbereiten zu lassen, deren einziges Verbrechen Hunger war. Daraufhin ordnete Kaplun die Freilassung der Gruppe an und willigte ein, dass ich ihnen etwas von dem Brot gebe, das für die Arbeiterrationen geschickt worden war. Aber ein wertvoller Tag war verloren.

Am nächsten Morgen kam eine Gruppe von Jungen und Mädchen singend den Newski-Prospekt entlang. Es waren *Kursanti* aus dem Taurischen Palais, die in mein Büro geschickt wurden, um dort zu arbeiten. Bei meinem ersten Besuch im Palais hatte man mir die Unterkünfte der *Kursanti gezeigt* , der Studenten der bolschewistischen Akademie. Es waren hauptsächlich Jungen und Mädchen aus dem Dorf, die von der Regierung untergebracht, verpflegt, gekleidet und ausgebildet wurden und später in verantwortungsvolle Positionen im Sowjetregime berufen wurden. Damals war ich von den Institutionen beeindruckt, aber im April hatte ich etwas hinter die Fassade geblickt. Ich erinnerte mich daran, was mir eine junge Frau, eine Kommunistin, in Moskau über diese Studenten erzählt hatte. „Sie sind die besondere Kaste, die jetzt in Russland herangezogen wird", hatte sie gesagt. „So wie die Kirche ihre religiösen Priester unterhält und ausbildet, bildet unsere Regierung eine militärische und bürgerliche Priesterschaft aus. Sie sind ein bevorzugter Haufen." Ich hatte mehr als einmal Gelegenheit, mich von der Wahrheit zu überzeugen. Den *Kursanti* wurden alle Vorteile und viele Sonderrechte gewährt. Sie wussten um ihre Bedeutung und verhielten sich dementsprechend.

Als sie zu mir kamen, verlangten sie als Erstes die ihnen versprochenen Extrarationen Brot. Nachdem diese Forderung erfüllt war, standen sie herum und schienen keine Ahnung von Arbeit zu haben. Es war offensichtlich, dass die *Kursanti , was auch immer sie sonst* lernen mochten, nicht arbeiten lernten. Aber in Russland wissen nur wenige Menschen, wie man arbeitet. Die Lage sah hoffnungslos aus. Bis zur Ankunft der Deportierten blieben nur noch zehn Tage, und die ihnen zugewiesenen „Hotels“ waren noch immer in einem ebenso unbewohnbaren Zustand wie zuvor. Es hatte keinen Sinn, mit der Tscheka zu drohen, wie es meine Mitarbeiter taten. Ich appellierte an die Jungen und Mädchen im Geiste der amerikanischen Deportierten, die voller Begeisterung für die Revolution in Russland eintreffen würden und begierig darauf waren, sich an der großen Wiederaufbauarbeit zu beteiligen. Die *Kursanti* waren die verwöhnten Schützlinge der Regierung, aber sie waren noch nicht lange aus den Dörfern weg und hatten keine Zeit gehabt, korrupt zu werden. Mein Appell war wirksam. Sie nahmen die Arbeit mit großem Eifer in Angriff und nach zehn Tagen waren die drei berühmten Hotels soweit fertig, wie es Arbeitsbereitschaft und warmes Wasser ohne Seife zuließen. Wir waren sehr stolz auf unsere Leistung und warteten gespannt auf die Ankunft der Deportierten.

Endlich kamen sie, aber zu unserer großen Überraschung stellte sich heraus, dass es sich gar nicht um Deportierte handelte. Es waren russische Kriegsgefangene aus Deutschland. Das Missverständnis war auf den Fehler eines Beamten in Tschitscherins Büro zurückzuführen, der die Radiomeldung über die an der Grenze erwartete Gruppe falsch gelesen hatte. Die vorbereiteten Hotels waren verschlossen und versiegelt; sie sollten nicht für die zurückgekehrten Kriegsgefangenen genutzt werden, weil „sie für amerikanische Deportierte vorbereitet waren, die noch kommen könnten“. Alle Anstrengungen und Mühen waren vergebens gewesen.

Kapitel VII:
Erholungsheime für Arbeitnehmer

Seit meiner Rückkehr aus Moskau bemerkte ich eine Veränderung in Zorins Verhalten: Er war reserviert, distanziert und nicht mehr so freundlich wie bei unserer ersten Begegnung. Ich schrieb es der Tatsache zu, dass er überarbeitet und erschöpft war, und da ich seine wertvolle Zeit nicht verschwenden wollte, besuchte ich die Zorins nicht mehr so häufig wie früher. Eines Tages jedoch rief er an und fragte, ob Alexander Berkman und ich ihm bei bestimmten Arbeiten helfen würden, die er plante und die, wie er es nannte, im amerikanischen Schnelldurchlaufstil erledigt werden sollten. Als wir ihn besuchten, fanden wir ihn ziemlich aufgeregt vor – eine ungewöhnliche Sache für Zorin, der sonst ruhig und reserviert war. Er war ganz begeistert von einem neuen Plan, „Erholungsheime" für Arbeiter zu bauen. Er erklärte, dass sich auf Kameniy Ostrov die prächtigen Villen der Stolypins, der Polovtsovs und anderer Angehöriger der Aristokratie und Bourgeoisie befänden und dass er vorhabe, sie in Erholungszentren für Arbeiter umzuwandeln. Ob wir bei der Arbeit mitmachen würden? Natürlich stimmten wir eifrig zu und fuhren am nächsten Morgen hinüber, um die Insel zu besichtigen. Es war in der Tat ein idealer Ort, übersät mit prächtigen Herrenhäusern, von denen einige wahre Museen waren und seltene Schätze an Gemälden, Wandteppichen und Möbeln enthielten. Der Mann, der für die Gebäude verantwortlich war, lenkte unsere Aufmerksamkeit auf die Kunstschätze und protestierte, dass sie beschädigt oder vollständig zerstört würden, wenn sie der geplanten Nutzung zugeführt würden. Aber Zorin war von seinem Plan überzeugt. „Erholungsheime für Arbeiter sind wichtiger als Kunst", sagte er.

Wir kehrten ins Astoria zurück, entschlossen, uns der Arbeit zu widmen und intensiv daran zu arbeiten, da die Häuser zum 1. Mai fertig sein sollten. Wir entwarfen detaillierte Pläne für Speisesäle, Schlafkammern, Lesesäle, Theater- und Hörsäle sowie Erholungsräume für die Arbeiter. Als ersten und notwendigsten Schritt schlugen wir die Einrichtung eines Speisesaals vor, um die Arbeiter zu verköstigen, die mit der Vorbereitung des Gebäudes für ihre Kameraden beschäftigt waren. Aus meinen früheren Erfahrungen mit den Hotels hatte ich gelernt, dass viel wertvolle Zeit verloren ging, weil man die tatsächlich mit solchen Arbeiten beschäftigten Personen nicht versorgte. Zorin willigte ein und versprach, dass wir innerhalb weniger Tage die Leitung übernehmen würden. Aber eine Woche verging und wir hörten nichts weiter von dieser Eilarbeit. Einige Zeit später rief Zorin an und bat uns, ihn auf die Insel zu begleiten. Als wir dort ankamen, fanden wir ein halbes Dutzend Kommissare vor, die bereits die Leitung übernahmen, und Dutzende von Leuten, die herumlungerten. Zorin versicherte uns, dass sich die Dinge von selbst regeln würden und wir Gelegenheit hätten, die Arbeit wie geplant zu organisieren. Wir erkannten jedoch bald, dass der Umgang mit der neuen Bürokratie ebenso schwierig war wie mit der alten.

Jeder Kommissar hatte seine Favoriten, die er als bei der Arbeit beschäftigt auflisten konnte, wodurch sie Anspruch auf Brotrationen und eine Mahlzeit hatten. So waren fast noch vor dem Erscheinen der eigentlichen Arbeiter achtzig angebliche „Techniker" im Besitz von Essens- und Brotkarten. Die tatsächlich für die Arbeit mobilisierten Männer erhielten kaum etwas. Das Ergebnis war allgemeine Sabotage. Die meisten der Männer, die hinübergeschickt wurden, um die Erholungsheime für die Arbeiter vorzubereiten, kamen aus Konzentrationslagern: Es waren Sträflinge und Militärdeserteure. Ich hatte ihnen oft bei der Arbeit zugesehen, und um ihnen gerecht zu werden, muss man sagen, dass sie sich nicht überanstrengten. „Warum sollten wir", sagten sie, „wir werden mit Sowjetsuppe gefüttert; es ist schmutziges Spülwasser, und wir bekommen nur das, was von den Faulenzern übrig bleibt, die uns herumkommandieren. Und wer wird sich in diesen Heimen ausruhen? Nicht wir oder unsere Brüder in den Fabriken. Nur diejenigen, die zur Partei gehören oder Einfluss haben, werden diesen Ort genießen. Außerdem ist der Frühling nahe; wir werden zu Hause auf dem Bauernhof gebraucht. Warum werden wir hier festgehalten?" Tatsächlich strengten sie sich nicht an, diese tapferen Söhne des russischen Bodens. Es gab keinen Anreiz: Sie hatten keinen Kontakt zum Leben um sie herum, und es gab niemanden, der ihnen erklären konnte, was Arbeit im revolutionären Russland bedeutete. Sie waren benommen von Krieg, Revolution und Hunger – nichts konnte sie aus ihrer Benommenheit reißen.

Viele der Gebäude auf der Kameniy Ostrov waren zu Internaten und Heimen für Behinderte umgebaut worden; einige wurden von alten Professoren, Lehrern und anderen Intellektuellen bewohnt. Seit der Revolution lebten diese Menschen dort unbehelligt, aber jetzt kam der Befehl, sie zu räumen, um Platz für die Erholungsheime zu machen. Da fast keine Vorkehrungen getroffen worden waren, um den Enteigneten andere Unterkünfte zu geben, wurden sie praktisch auf die Straße gezwungen. Diejenigen, die mit Sinowjew, Gorki oder anderen einflussreichen Kommunisten befreundet waren, wandten sich an sie, aber Personen ohne „Einfluss" fanden keine Abhilfe. Die Szenen des Elends, die ich täglich mit ansehen musste, erschöpften meine Kräfte. Es war alles unnötig grausam, unpraktisch und hatte keinen Bezug zur Revolution. Dazu kam das Chaos und die Verwirrung, die herrschten. Die bürokratischen Beamten schienen besondere Freude daran zu haben, gegenseitig ihre Befehle zu widerrufen. Häuser, die bereits renoviert wurden und für die viel Arbeit und Material aufgewendet worden war, wurden plötzlich unvollendet gelassen und andere Arbeiten begonnen. Villen voller Kunstschätze wurden in Nachtquartiere umgewandelt und schmutzige Eisenbetten zwischen antiken Möbeln und Ölgemälden aufgestellt – eine unpassende, dumme Zeit- und Energieverschwendung. Zorin hielt oft stundenlange Beratungen mit dem Stab von Künstlern und Ingenieuren ab, die Pläne für Theater, Hörsäle und Vergnügungsstätten entwarfen, während die Kommissare die Arbeiten sabotierten. Ich ertrug die schmerzhafte und lächerliche Situation zwei Wochen lang und gab die Sache dann verzweifelt auf.

Anfang Mai wurden die Erholungsheime für Arbeiter auf der Kameniy Ostrov mit viel Pomp, Musik und Reden eröffnet. Glühende Berichte über die wunderbaren Dinge, die für die Arbeiter in Russland getan wurden, wurden im Fernsehen verbreitet. In Wirklichkeit war es Coney Island, das in die Umgebung von Petrograd verlegt wurde, ein bunter Schauplatz für leichtgläubige Besucher. Von da an änderte sich Zorins Verhalten mir gegenüber. Er wurde kalt, sogar feindselig. Zweifellos begann er den Kampf zu spüren, der in mir tobte, und den Bruch, der kommen musste. Ich sah jedoch viel von Lisa Zorin, die gerade Mutter geworden war. Ich stillte sie und ihr Baby und war froh über die Gelegenheit, auf diese Weise meine Dankbarkeit für die herzliche Freundschaft auszudrücken, die die Zorins mir während meiner ersten Monate in Russland entgegengebracht hatten. Ich schätzte ihre unerschütterliche Ehrlichkeit und Hingabe. Beide waren politisch so günstig gestellt, dass sie mit allem versorgt werden konnten, was sie brauchten, doch Lisa Zorin fehlte die einfachste Kleidung für ihr Baby. „Tausende russischer Arbeiterinnen haben nichts mehr, und warum sollte ich?“, sagte Lisa. Als sie so schwach war, dass sie ihr Baby nicht stillen konnte, ließ sich Zorin nicht dazu bewegen, Sonderrationen zu verlangen. Ich musste gegen sie konspirieren, indem ich Eier und Butter auf dem Markt kaufte, um das Leben von Mutter und Kind zu retten. Aber ihre guten Charaktereigenschaften erschwerten meinen inneren Kampf. Die Vernunft drängte mich, den sozialen Tatsachen ins Auge zu blicken. Meine persönliche Verbundenheit mit den Kommunisten, die ich kennen und schätzen gelernt hatte, weigerte sich, die Tatsachen zu akzeptieren. Kümmere dich nicht um das Böse – sagte ich mir – solange es Leute wie die Zorins und die Balabanovas gibt, muss etwas Lebenswichtiges in den Ideen stecken, die sie repräsentieren. Ich hielt hartnäckig an dem Phantom fest, das ich selbst erschaffen hatte.

KAPITEL VIII
DER ERSTE MAI IN PETROGRAD

1890 wurde der 1. Mai zum ersten Mal in Amerika als internationaler Feiertag der Arbeiterbewegung gefeiert. Der 1. Mai wurde für mich zu einem großen, inspirierenden Ereignis. Die Feier des 1. Mai in einem freien Land mitzuerleben – das war ein Traum, ein Wunsch, der vielleicht nie verwirklicht werden würde. Und jetzt, im Jahr 1920, sollte der langjährige Traum im revolutionären Russland Wirklichkeit werden. Ich konnte den Morgen des 1. Mai kaum erwarten. Es war ein herrlicher Tag, und die warme Sonne schmolz die letzte Kruste des harten Winters weg. Früh am Morgen begrüßte mich Musik: Gruppen von Arbeitern und Soldaten marschierten durch die Straßen und sangen revolutionäre Lieder. Die Stadt war fröhlich geschmückt: Der Uritski-Platz gegenüber dem Winterpalast war eine Masse aus Rot, die Straßen in der Nähe ein wahres Farbenmeer. Große Menschenmengen waren unterwegs, alle auf dem Weg zum Marsfeld, wo die Helden der Revolution begraben waren.

Obwohl ich eine Eintrittskarte für die Tribüne hatte, zog ich es vor, unter den Leuten zu bleiben und mich als Teil der großen Heerscharen zu fühlen, die dieses Weltereignis herbeigeführt hatten. Dies war ihr Tag – der Tag ihrer Erschaffung. Und doch schienen sie merkwürdig ruhig, bedrückend schweigsam. Es lag keine Freude in ihrem Gesang, keine Heiterkeit in ihrem Lachen. Mechanisch marschierten sie, automatisch antworteten sie auf die Claqueure auf der Tribüne, die „Hurra" riefen, als die Kolonnen vorbeizogen.

Am Abend sollte ein Festzug stattfinden. Lange vor der festgesetzten Stunde war der Urizki-Platz bis hinunter zum Palast und zu den Ufern der Newa voll mit Menschen, die sich versammelt hatten, um der Freilichtaufführung beizuwohnen, die den Triumph des Volkes symbolisierte. Das Stück bestand aus drei Teilen, von denen der erste die Umstände schilderte, die zum Krieg führten, und die Rolle der deutschen Sozialisten darin; der zweite reproduzierte die Februarrevolution mit Kerenski an der Macht; der letzte die Oktoberrevolution. Es war ein Stück mit wunderschöner Inszenierung und kraftvoller Schauspielerei, ein Stück lebendig, real, faszinierend. Es wurde auf den Stufen der ehemaligen Börse aufgeführt, gegenüber dem Platz. Auf der obersten Stufe saßen Könige und Königinnen mit ihren Höflingen, begleitet von Soldaten in bunten Uniformen. Die Szene stellt eine Galaveranstaltung am Hof dar: Es wird bekannt gegeben, dass zu Ehren des Weltkapitalismus ein Denkmal errichtet werden soll. Es herrscht großer Jubel, und es folgt eine wilde Orgie aus Musik und Tanz. Dann tauchen aus der Tiefe die versklavten und schuftenden Massen auf, deren Ketten traurig zur Musik von oben klingeln. Sie folgen dem Befehl, das Denkmal für ihre

Herren zu errichten: Einige sind mit Hämmern und Ambossen zu sehen, andere schwanken unter der Last riesiger Steinblöcke und Ziegelladungen. Die Arbeiter schuften in ihrer Welt aus Elend und Dunkelheit, von den Peitschen der Sklaventreiber zu noch größeren Anstrengungen gezwungen, während oben Licht und Freude herrschen und die Herren feiern. Die Fertigstellung des Denkmals wird durch große gelbe Scheiben signalisiert, die hoch in die Höhe gehoben werden, während die Welt oben jubelt.

In diesem Moment sieht man unten eine kleine rote Fahne wehen und eine kleine Gestalt hält eine Ansprache an die Menschen. Wütende Fäuste werden erhoben und dann verschwinden Fahne und Gestalt, nur um in anderen Teilen der Unterwelt wieder aufzutauchen. Wieder weht die rote Fahne, mal hier, mal dort. Die Menschen gewinnen langsam an Vertrauen und werden bald bedrohlich. Empörung und Wut wachsen – die Könige und Königinnen werden alarmiert. Sie fliehen in die Sicherheit der Zitadellen und die Armee bereitet sich darauf vor, die Hochburg des Kapitalismus zu verteidigen.

Es ist August 1914. Die Herrscher feiern wieder einmal, und die Arbeiter schuften. Die Mitglieder der Zweiten Internationale nehmen an der Konferenz der Mächtigen teil. Sie bleiben taub gegenüber den Bitten der Arbeiter, sie vor den Schrecken des Krieges zu retten. Dann verkünden die Klänge von „God Save the King" die Ankunft der englischen Armee. Ihr folgen russische Soldaten mit Maschinengewehren und Artillerie sowie eine Prozession von Krankenschwestern und Krüppeln, die dem Moloch des Krieges Tribut zollen.

Der nächste Akt zeigt die Februarrevolution. Überall sind rote Fahnen zu sehen, bewaffnete Autos rasen umher. Das Volk stürmt den Winterpalast und reißt das Wappen des Zarenreichs herunter. Die Kerenski-Regierung übernimmt die Macht und das Volk wird zurück in den Krieg getrieben. Dann folgt die wunderbare Szene der Oktoberrevolution, in der Soldaten und Matrosen auf dem offenen Platz vor dem weißen Marmorgebäude galoppieren. Sie stürmen die Stufen zum Palast hinauf, es kommt zu einem kurzen Kampf, und die Sieger werden von den Massen in wildem Jubel bejubelt. Die „Internationale" schwebt in der Luft, sie steigt immer höher und ertönt in jubelnden Freudenschreien. Russland ist frei – die Arbeiter, Matrosen und Soldaten läuten die neue Ära ein, den Beginn der Weltkommune!

Das Bild war ungeheuer bewegend. Aber die riesige Menge blieb still. Nur ein schwacher Applaus war aus der großen Menge zu hören. Ich war sprachlos. Wie lässt sich diese erstaunliche mangelnde Resonanz erklären? Als ich mit Lisa Zorin darüber sprach, sagte sie, die Menschen hätten die Oktoberrevolution tatsächlich miterlebt, und die Aufführung sei im Vergleich zur Realität von 1917 zwangsläufig nichts Besonderes. Aber meine

kleine kommunistische Nachbarin erzählte eine andere Version. „Die
Menschen hatten seit Oktober 1917 so viele Enttäuschungen erlitten“, sagte
sie, „dass die Revolution für sie jede Bedeutung verloren hat. Das Stück hatte
den Effekt, ihre Enttäuschung noch schmerzlicher zu machen.“

KAPITEL IX
INDUSTRIELLE MILITARISIERUNG

Der neunte Kongress der Allrussischen Kommunistischen Partei im März 1920 war durch eine Reihe von Maßnahmen gekennzeichnet, die einen völligen Rechtsruck bedeuteten. Die wichtigsten davon waren die Militarisierung der Arbeit und die Einführung einer Ein-Mann-Leitung der Industrie im Gegensatz zum Kollegialsystem. Die Zwangsarbeit war seit langem ein Gesetz in den Statuten der Sozialistischen Republik, wurde jedoch, wie Trotzki sagte, „nur in kleinem, privatem Rahmen" umgesetzt. Nun sollte das Gesetz ernsthaft in Kraft gesetzt werden. Russland sollte eine militarisierte Industriearmee haben, um die wirtschaftliche Desorganisation zu bekämpfen, so wie die Rote Armee an den verschiedenen Fronten siegreich war. Eine solche Armee könne nur durch strenge Disziplin auf Linie gebracht werden, so wurde behauptet. Das Kollegialsystem der Fabriken müsse einer militärischen Industrieleitung weichen.

Die kommunistische Minderheit kämpfte auf dem Kongress heftig gegen diese Maßnahme, aber die Parteidisziplin setzte sich durch. Die Aufregung ließ jedoch nicht nach: Die Diskussion über das Thema ging noch lange nach der Vertagung des Kongresses weiter. Viele der jüngeren Kommunisten stimmten zu, dass die Maßnahme einen Schritt nach rechts bedeutete, verteidigten jedoch die Entscheidung ihrer Partei. „Das Kollegialsystem hat sich als Fehlschlag erwiesen", sagten sie. „Die Arbeiter werden nicht freiwillig arbeiten, und unsere Industrie muss wiederbelebt werden, wenn wir ein weiteres Jahr überleben wollen."

Auch Jack Reed war dieser Ansicht. Er war gerade von einem vergeblichen Versuch zurückgekehrt, über Lettland nach Amerika zu gelangen, und wir diskutierten tagelang über die neue Politik. Jack beharrte darauf, dass sie unvermeidlich sei, solange Russland angegriffen und blockiert werde. „Wir sind gezwungen, eine Armee zu mobilisieren, um unsere äußeren Feinde zu bekämpfen, warum also nicht eine Armee, um unseren schlimmsten inneren Feind, den Hunger, zu bekämpfen? Das können wir nur tun, indem wir unsere Industrie wieder auf die Beine bringen." Ich wies auf die Gefahren der militärischen Methode hin und fragte, ob man von den Arbeitern erwarten könne, dass sie unter Zwang effizienter würden oder intensiver arbeiten würden. Dennoch hielt Jack die Mobilisierung der Arbeitskräfte für unvermeidlich. „Es muss auf jeden Fall versucht werden", sagte er.

In Petrograd kursierten damals Streikgerüchte. Es machte die Runde, dass Sinowjew und seine Mitarbeiter, als sie die Fabriken besuchten, um die neue Politik zu erklären, von den Arbeitern aus den Fabriken vertrieben wurden.

Um die Situation aus erster Hand kennenzulernen, beschloss ich, die Fabriken zu besuchen. Schon während meiner ersten Monate in Russland hatte ich Zorin um Erlaubnis gebeten, sie besuchen zu dürfen. Lisa Zorin hatte mich gebeten, bei einigen Arbeiterversammlungen zu sprechen, aber ich lehnte ab, weil ich es für anmaßend hielt, wenn ich die Revolutionäre unterrichten wollte. Außerdem war ich damals mit der russischen Sprache noch nicht ganz vertraut. Aber als ich Zorin bat, mich einige Fabriken besuchen zu lassen, war er ausweichend. Nachdem ich Ravitch kennengelernt hatte, sprach ich sie auf das Thema an und sie willigte bereitwillig ein.

Die ersten Werke, die wir besuchten, waren die Putilow-Werke, die größte und bedeutendste Motoren- und Automobilfabrik. Vor dem Krieg waren dort 40.000 Arbeiter beschäftigt. Nun erfuhr ich, dass nur noch 7.000 Arbeiter dort arbeiteten. Ich hatte viel über die Putilow-Werke gehört: Sie hatten in den Revolutionstagen und bei der Verteidigung Petrograds gegen Judenitsch eine heldenhafte Rolle gespielt.

Im Büro von Putilow wurden wir herzlich empfangen, durch die verschiedenen Abteilungen geführt und dann einem Führer übergeben. Wir waren zu viert in der Gruppe, von denen nur zwei Russisch sprechen konnten. Ich blieb zurück, um eine Gruppe zu befragen, die an einer Werkbank arbeitete. Zuerst begegnete mir das übliche Misstrauen, das ich überwand, indem ich den Männern sagte, ich überbringe die Grüße ihrer Brüder in Amerika. „Und die Revolution dort?", wurde ich sofort gefragt. Diese Vorstellung einer bevorstehenden Revolution in Europa und Amerika schien zu einer nationalen Obsession geworden zu sein. Jeder in Russland klammerte sich an diese Hoffnung. Es war schwer, diesen schlecht informierten Leuten ihren naiven Glauben zu nehmen. „Die amerikanische Revolution ist noch nicht da", sagte ich ihnen, „aber die russische Revolution hat beim Proletariat in Amerika ein Echo gefunden." Ich erkundigte mich nach ihrer Arbeit, ihrem Leben und ihrer Haltung gegenüber den neuen Dekreten. „Als ob wir nicht schon vorher genug getrieben worden wären", beschwerte sich einer der Männer. „Jetzt müssen wir unter der militärischen *Nagaika [Peitsche]* arbeiten . Natürlich müssen wir in der Werkstatt sein, sonst werden sie uns als Industriedeserteure bestrafen. Aber wie können sie mehr Arbeit aus uns herauspressen? Wir leiden Hunger und Kälte. Wir haben keine Kraft mehr, mehr zu geben." Ich meinte, dass die Regierung wahrscheinlich gezwungen sei, solche Methoden einzuführen, und dass sich die Lage der Arbeiter noch weiter verschlechtern würde, wenn die russische Industrie nicht wiederbelebt würde. Außerdem erhielten die Putilow-Männer den bevorzugten Payok . „Wir verstehen das große Unglück, das Russland ereilt hat", antwortete einer der Arbeiter, „aber wir können nicht mehr aus uns herauspressen. Sogar die zwei Pfund Brot, die wir bekommen, reichen nicht aus. Sehen Sie sich das Brot an", sagte er und hielt eine schwarze Brotkruste hoch; "Können wir davon leben? Und unsere Kinder? Wenn es unsere Leute im Land nicht gäbe oder etwas Handel auf dem Markt, würden wir alle sterben. Jetzt kommt die neue Maßnahme, die uns von unserem Volk trennt und uns ans andere Ende Russlands schickt, während unsere Brüder von dort hierher gezerrt werden, weg von ihrem Boden. Das ist eine verrückte Maßnahme und sie wird nicht funktionieren."

"Aber was kann die Regierung angesichts der Nahrungsmittelknappheit tun?", fragte ich. "Nahrungsmittelknappheit!", rief der Mann aus. "Sehen Sie sich die Märkte an. Haben Sie dort Nahrungsmittelknappheit bemerkt? Spekulation und die neue Bourgeoisie, das ist das Problem . Die Ein-Mann-Verwaltung ist unser neuer Sklaventreiber. Zuerst hat uns die Bourgeoisie sabotiert, und jetzt hat sie wieder die Kontrolle. Aber lassen Sie sie doch versuchen, uns zu kommandieren! Sie werden es herausfinden. Lassen Sie sie es doch versuchen!"

Die Männer waren verbittert und nachtragend. Bald darauf kam der Führer zurück, um zu sehen, was aus mir geworden war. Er bemühte sich sehr, zu erklären, dass sich die Arbeitsbedingungen in der Fabrik seit dem Beginn der Militarisierung der Arbeiterschaft erheblich verbessert hätten. Die Männer seien zufriedener und es seien viel mehr Autos renoviert und Motoren repariert worden als im gleichen Zeitraum unter der vorherigen Leitung. Er versicherte mir, dass in der Fabrik 7.000 Arbeiter produktiv beschäftigt seien. Ich erfuhr jedoch, dass die tatsächliche Zahl weniger als 5.000 betrug und dass von diesen nur etwa 2.000 tatsächliche Arbeiter waren. Die anderen waren Regierungsbeamte und Angestellte.

Nach den Putilow-Werken besuchten wir Treugolnik, die größte Gummifabrik Russlands. Das Werk war sauber und die Maschinen in gutem Zustand – eine gut ausgestattete, moderne Fabrik. Als wir den Hauptarbeitsraum erreichten, wurden wir vom Vorarbeiter empfangen, der seit 25 Jahren das Werk leitete. Er würde uns persönlich herumführen, sagte er. Er schien sehr stolz auf die Fabrik zu sein, als wäre es seine eigene. Es überraschte mich ziemlich, dass sie es geschafft hatten, alles in so gutem Zustand zu halten. Der Führer erklärte, dass dies daran lag, dass fast das gesamte alte Personal das Werk geleitet hatte. Sie waren der Meinung, dass sie, was auch immer passieren würde, den Betrieb nicht verfallen lassen durften. Das war sicherlich sehr lobenswert, dachte ich, aber bald hatte ich Gelegenheit, meine Meinung zu ändern. An einem der Tische saß ein alter Arbeiter, der Gummi schnitt, mit freundlichen Augen aus einem traurigen, spirituellen Gesicht. Er erinnerte mich an den Pilger Lucca in Gorkis „Nachtquartier". Unser Führer hielt scharfe Wache, aber ich konnte mich davonschleichen, während der Aufseher den anderen Mitgliedern unserer Gruppe einige Maschinen erklärte.

„Na, *Batjuschka* , wie geht es dir?", grüßte ich den alten Arbeiter. „Schlecht, *Matjuschka* ", antwortete er, „die Zeiten sind sehr hart für uns alte Leute." Ich erzählte ihm, wie beeindruckt ich war, alles in so gutem Zustand in der Werkstatt vorzufinden. „Das stimmt", bemerkte der alte Arbeiter, „aber das liegt daran, dass der Vorarbeiter und seine Mitarbeiter von Tag zu Tag hoffen, dass es wieder zu einer Veränderung kommt und dass der Treugolnik zu seinen früheren Besitzern zurückkehrt. Ich kenne sie. Ich habe hier schon lange gearbeitet, bevor der deutsche Meister dieser Fabrik die neuen Maschinen einbaute."

Als ich durch die verschiedenen Räume der Fabrik ging, sah ich, wie die Frauen und Mädchen sichtlich erschrocken aufblickten. Das kam mir seltsam vor in einem Land, in dem die Proletarier die Herren waren. Offenbar waren nicht nur die Maschinen sorgfältig überwacht worden – auch die alte Disziplin war gewahrt worden: Die Arbeiter hielten uns für bolschewistische Inspektoren.

Die große Getreidemühle von Petrograd, die wir als nächstes besuchten, sah aus, als befände sie sich im Belagerungszustand. Überall, sogar in den Arbeitsräumen, waren bewaffnete Soldaten. Die Erklärung war, dass große Mengen kostbaren Mehls verschwunden seien. Die Soldaten beobachteten die Mühlenarbeiter, als wären sie Galeerensklaven, und die Arbeiter ärgerten sich natürlich über diese erniedrigende Behandlung. Sie wagten kaum zu sprechen. Ein junger Bursche, ein gutaussehender Mann, beschwerte sich bei mir über die Bedingungen. „Wir sind hier praktisch Gefangene", sagte er. „Wir dürfen keinen Schritt ohne Erlaubnis machen. Wir müssen acht Stunden hart arbeiten und haben nur zehn Minuten für unser *Kipyatok* [abgekochtes Wasser], und beim Verlassen der Mühle werden wir durchsucht." „Ist der Diebstahl des Mehls nicht der Grund für die strenge Überwachung?", fragte ich. „Überhaupt nicht", antwortete der Junge. „Die Fabrikkommissare und die Soldaten wissen ganz genau, wohin das Mehl geht." Ich schlug vor, dass die Arbeiter gegen einen solchen Zustand protestieren könnten. „Protestieren, bei wem?", rief der Junge aus. „Man würde uns als Spekulanten und Konterrevolutionäre bezeichnen und uns verhaften." „Hat Ihnen die Revolution nichts gebracht?", fragte ich. „Ach, die Revolution! Aber die gibt es nicht mehr. Aus", sagte er verbittert.

Am nächsten Morgen besuchten wir die Tabakfabrik Laferm. Der Betrieb war in vollem Gange. Wir wurden durch die Fabrik geführt und der gesamte Prozess wurde uns erklärt, angefangen mit der Sortierung des Rohmaterials bis hin zu den fertigen Zigaretten, die für den Verkauf oder den Versand verpackt wurden. Die Luft in den Arbeitsräumen war stickig und

ekelerregend. „Die Frauen sind an diese Atmosphäre gewöhnt", sagte der
Führer; „es macht ihnen nichts aus." Es waren einige schwangere Frauen bei
der Arbeit und Mädchen, die nicht älter als vierzehn waren. Sie sahen
abgezehrt aus, ihre Brust war eingefallen, schwarze Ringe unter den Augen.
Einige von ihnen husteten und die hektische Röte der Schwindsucht war in
ihren Gesichtern zu sehen. „Gibt es einen Aufenthaltsraum, einen Ort, wo
sie essen oder ihren Tee trinken und ein bisschen frische Luft atmen
können?" So etwas gab es nicht, wurde mir mitgeteilt. Die Frauen blieben
acht Stunden am Stück bei der Arbeit; sie nahmen ihren Tee und ihr
Schwarzbrot an ihren Bänken ein. Das System war Akkordarbeit, die
Angestellten erhielten täglich 25 Zigaretten über ihren Lohn hinaus mit der
Erlaubnis, sie zu verkaufen oder zu tauschen.

Ich sprach mit einigen Frauen. Sie beklagten sich nicht, außer darüber, dass
sie gezwungen waren, weit weg von der Fabrik zu wohnen. In den meisten
Fällen dauerte der Weg zur Arbeit und zurück mehr als zwei Stunden. Sie
hatten darum gebeten, in der Nähe des Laferm untergebracht zu werden, und
man versprach ihnen das auch, aber man hörte nichts mehr davon.

Das Leben spielt einem schon manchmal seltsame Streiche. In Amerika hätte
ich die Idee der Sozialarbeit verachtet: Ich hätte sie für ein billiges
Linderungsmittel gehalten. Aber im sozialistischen Russland erschien mir der
Anblick schwangerer Frauen, die in der erstickenden Tabakluft arbeiteten
und sich und ihre Ungeborenen mit dem Gift überzogen, als ein
grundlegendes Übel. Ich sprach mit Lisa Zorin, um zu sehen, ob man nicht
etwas tun könne, um das Übel zu lindern. Lisa behauptete, dass
„Akkordarbeit" die einzige Möglichkeit sei, die Mädchen zur Arbeit zu
bewegen. Was die Toiletten betraf, hatten die Frauen bereits selbst darum
gekämpft, aber bisher konnte nichts getan werden, weil in der Fabrik kein
Platz frei war. „Aber wenn die Revolution nicht einmal so kleine
Verbesserungen gebracht hat", argumentierte ich, „welchen Zweck hat sie
dann gehabt?" „Die Arbeiter haben die Kontrolle erlangt", erwiderte Lisa;
„sie sind jetzt an der Macht und haben Wichtigeres zu tun als Toiletten – sie
müssen die Revolution verteidigen." Lisa Zorin war sehr proletarisch
geblieben, aber sie argumentierte wie eine Nonne, die sich dem Dienst der
Kirche verschrieben hat.

Der Gedanke bedrückte mich, dass das, was sie „Verteidigung der
Revolution" nannte, in Wirklichkeit nur die Verteidigung ihrer Partei an der
Macht war. Jedenfalls wurde aus meinem Versuch, mich sozial zu engagieren,
nichts.

KAPITEL X
DIE BRITISCHE ARBEITSMISSION

Ich war froh zu erfahren, dass Angelica Balabanova in Petrograd eingetroffen war, um Quartiere für die britische Arbeitsmission vorzubereiten. Während meines Aufenthalts in Moskau hatte ich Angelicas feines Wesen kennen und schätzen gelernt. Sie war mir sehr zugetan, und als ich krank wurde, widmete sie sich viel Zeit für mich, besorgte Medikamente, die nur in der Apotheke des Kremls erhältlich waren, und besorgte mir spezielle Krankenrationen. Ihre Freundschaft war großzügig und rührend, und sie wurde mir sehr sympathisch.

Der Narischkin-Palast sollte für die Mission vorbereitet werden, und Angelica lud mich ein, sie dorthin zu begleiten. Ich bemerkte, dass sie erschöpfter und verzweifelter aussah als damals, als ich sie in Moskau gesehen hatte. Unser Gespräch machte mir klar, dass sie sehr unter der Realität litt, die so anders war als ihr Ideal. Aber sie bestand darauf, dass das, was mir als Versagen erschien, im Leben selbst bedingt war, das selbst das größte Versagen war.

Der Narischkin-Palast liegt am Südufer der Newa, fast gegenüber der Peter-und-Paul-Festung. Der Ort war für die erwarteten Gäste vorbereitet und eine Anzahl Bediensteter und Köche waren da, um sich um ihre Bedürfnisse zu kümmern. Bald traf die Mission ein – die meisten von ihnen typische Arbeiterdelegierte – und mit ihnen eine Belegschaft von Zeitungsleuten und Mrs. Snowden. Die herausragendste Persönlichkeit unter ihnen war Bertrand Russell, der schnell seine Unabhängigkeit und Entschlossenheit demonstrierte, frei zu sein, um zu recherchieren und aus erster Hand zu lernen.

Zu Ehren der Mission organisierten die Bolschewiki eine große Demonstration auf dem Urizki-Platz. Tausende von Menschen, darunter Frauen und Kinder, kamen, um den englischen Arbeitervertretern für ihren Vorstoß in das revolutionäre Russland ihre Dankbarkeit zu zeigen. Die Zeremonie bestand aus dem Singen der „Internationale", gefolgt von Musik und Reden, die Balabanova meisterhaft übersetzte. Dann folgten die Militärübungen. Ich hörte Mrs. Snowden missbilligend sagen: „Was für eine militärische Zurschaustellung!" Ich konnte der Versuchung nicht widerstehen, zu bemerken: „Madam, denken Sie daran, dass die große russische Armee größtenteils Ihr eigenes Land ausmacht. Hätte England nicht geholfen, die Invasionen in Russland zu finanzieren, könnte dieses seine Soldaten für nützliche Arbeit einsetzen."

Die britische Mission wurde mit Theater, Oper, Ballett und Exkursionen königlich unterhalten. Während die Menschen schufteten und hungerten, wurde ihnen Luxus zuteil. Die Sowjetregierung unterließ nichts, um einen guten Eindruck zu machen, und alles, was störend war, wurde von den Besuchern ferngehalten. Angelica hasste die Zurschaustellung und den Schein und litt sehr unter der strengen Überwachung jeder Bewegung der Mission. „Warum sollten sie nicht den wahren Zustand Russlands sehen? Warum sollten sie nicht erfahren, wie das russische Volk lebt?", klagte sie. „Aber ich bin so unpraktisch", korrigierte sie sich, „vielleicht ist das alles notwendig." Nach zwei Wochen wurde den Besuchern ein Abschiedsbankett gegeben. Angelica bestand darauf, dass ich daran teilnehmen musste. Wieder gab es Reden und Toasts, wie es bei solchen Veranstaltungen üblich ist. Die Reden, die am aufrichtigsten klangen, waren die von Balabanova und Madame Ravitch. Letztere bat mich, ihre Ansprache zu dolmetschen, was ich auch tat. Sie sprach im Namen der russischen Proletarierinnen und lobte ihre Standhaftigkeit und Hingabe an die Revolution. „Mögen die englischen Proletarier die Qualitäten ihrer heldenhaften russischen Schwestern kennenlernen", schloss Madame Ravitch. Mrs. Snowden, die ehemalige Suffragette, antwortete nicht mit einem Wort. Sie bewahrte eine „würdige" Distanz. Als die Reden jedoch vorbei waren, wurde die Dame lebhafter und sammelte eifrig Autogramme.

KAPITEL XI
EIN BESUCH AUS DER UKRAINA

Anfang Mai trafen zwei junge Männer aus der Ukraina in Petrograd ein. Beide hatten mehrere Jahre in Amerika gelebt und waren in der jiddischen Arbeiter- und Anarchistenbewegung aktiv gewesen. Einer von ihnen war auch Herausgeber einer englischsprachigen anarchistischen Wochenzeitung namens *The Alarm gewesen* , die in Chicago erschien. 1917, als die Revolution ausbrach, reisten sie zusammen mit anderen Emigranten nach Russland. In ihrem Heimatland angekommen, schlossen sie sich den dortigen anarchistischen Aktivitäten an, die durch die Revolution einen enormen Aufschwung erfahren hatten. Ihr Hauptgebiet war die Ukraina. 1918 halfen sie bei der Organisation der Anarchistischen Föderation *Nabat* [Alarm] und begannen mit der Herausgabe einer Zeitung unter diesem Namen. Theoretisch standen sie im Widerspruch zu den Bolschewiki; praktisch arbeiteten die Föderations-Anarchisten, genau wie die Anarchisten in ganz Russland, mit den Bolschewiki zusammen und kämpften auch an allen Fronten gegen die konterrevolutionären Kräfte.

Als die beiden ukrainischen Genossen von unserer Ankunft in Russland erfuhren, versuchten sie wiederholt, uns zu erreichen, aber aufgrund der politischen Bedingungen und der praktischen Unmöglichkeit zu reisen, konnten sie nicht nach Norden kommen. Anschließend wurden sie von den Bolschewisten verhaftet und eingesperrt. Unmittelbar nach ihrer Freilassung machten sie sich illegal auf den Weg nach Petrograd. Sie wussten, welche Gefahren ihnen drohten – Verhaftung und mögliche Erschießung wegen des Besitzes und der Verwendung falscher Dokumente –, aber sie waren bereit, alles zu riskieren, weil sie entschlossen waren, uns die Fakten über die *Povstantsi*- Bewegung [revolutionäre Bauern] zu erzählen, die von dieser außergewöhnlichen Persönlichkeit, Nestor Machno, angeführt wurde. Sie wollten uns mit der Geschichte der anarchistischen Aktivitäten in Russland vertraut machen und erzählen, wie die eiserne Hand der Bolschewisten sie niedergeschlagen hatte.

Zwei Wochen lang, in der Stille der Petrograder Nächte, entfalteten die beiden ukrainischen Anarchisten vor uns das Panorama des Kampfes in der Ukraine. Leidenschaftslos, ruhig und mit fast unheimlicher Distanz erzählten die jungen Männer ihre Geschichte.

Dreizehn verschiedene Regierungen hatten die Ukraine „regiert". Jede von ihnen hatte die Bauern ausgeraubt und ermordet, grausige Pogrome veranstaltet und Tod und Verderben hinterlassen. Die ukrainischen Bauern, ein unabhängigeres und temperamentvolleres Volk als ihre nördlichen

Brüder, hatten begonnen, alle Regierungen und alle Maßnahmen zu hassen, die ihr Land und ihre Freiheit bedrohten. Sie schlossen sich zusammen und kämpften während der langen Jahre der Revolutionszeit gegen ihre Unterdrücker. Die Bauern hatten keine Theorien; sie konnten keiner politischen Partei zugeordnet werden. Sie hatten einen instinktiven Hass auf Tyrannei, und praktisch die gesamte Ukraine wurde bald zu einem Rebellenlager. In diesen brodelnden Hexenkessel trat 1917 Nestor Machno.

Machno wurde in der Ukraine geboren. Er war ein geborener Rebell und interessierte sich schon in jungen Jahren für den Anarchismus. Mit siebzehn versuchte er, als zaristischer Spion zu arbeiten und wurde zum Tode verurteilt. Aufgrund seines jungen Alters wurde das Urteil jedoch in lebenslange *Katorga* (schwere Haft, ein Drittel der Haftzeit in Ketten) umgewandelt. Die Februarrevolution öffnete die Gefängnistüren für alle politischen Gefangenen, darunter auch Machno. Er verbrachte zehn Jahre im Butirky-Gefängnis in Moskau. Als er verhaftet wurde, hatte er nur eine begrenzte Schulbildung, aber im Gefängnis hatte er seine Freizeit gut genutzt. Bis zu seiner Freilassung hatte er sich beträchtliche Kenntnisse in Geschichte, Volkswirtschaftslehre und Literatur angeeignet. Kurz nach seiner Freilassung kehrte Machno in sein Heimatdorf Gulyai-Poleh zurück, wo er eine Gewerkschaft und den örtlichen Sowjet organisierte. Dann stürzte er sich in die revolutionäre Bewegung und war während des gesamten Jahres 1917 der geistige Lehrer und Führer der rebellischen Bauern, die sich gegen die Landbesitzer erhoben hatten.

Als 1918 der Brester Frieden die Ukraine für die deutsche und österreichische Besatzung öffnete, organisierte Machno die rebellischen Bauerngruppen zur Verteidigung gegen die ausländischen Armeen. Er kämpfte gegen Skoropadski, den ukrainischen Hetman, der von deutschen Bajonetten unterstützt wurde. Er führte einen erfolgreichen Guerillakrieg gegen Petlura, Kaledin, Grigoriev und Denikin. Als bewusster Anarchist bemühte er sich, der instinktiven Rebellion der Bauernschaft ein klares Ziel und einen klaren Zweck zu geben. Es war Machnos Idee, dass die soziale Revolution gegen alle Feinde, gegen jeden konterrevolutionären oder reaktionären Versuch von rechts und links verteidigt werden müsse. Gleichzeitig wurde unter den Bauern Bildungs- und Kulturarbeit geleistet, um sie in anarchistisch-kommunistischer Weise zu entwickeln, mit dem Ziel, freie Bauernkommunen zu gründen.

Im Februar 1919 schloss Machno ein Abkommen mit der Roten Armee. Er sollte weiterhin die Südfront gegen Denikin halten und von den Bolschewiki die notwendigen Waffen und Munition erhalten. Machno sollte weiterhin das Kommando über die *Powstantsi behalten* , die inzwischen zu einer Armee angewachsen waren. Letztere sollten in ihren lokalen Organisationen, den revolutionären Sowjets des Bezirks, der mehrere Provinzen umfasste,

Autonomie genießen. Es wurde vereinbart, dass die *Powstantsi* das Recht haben sollten, Konferenzen abzuhalten, ihre Angelegenheiten frei zu diskutieren und Maßnahmen zu ergreifen. Drei solcher Konferenzen fanden im Februar, März und April statt. Aber die Bolschewiki hielten sich nicht an das Abkommen. Die Lieferungen, die Machno versprochen worden waren und die er dringend benötigte, trafen erst mit großer Verzögerung ein oder kamen überhaupt nicht. Man warf ihm vor, diese Situation sei auf die Befehle Trotzkis zurückzuführen, der die unabhängige Rebellenarmee nicht wohlwollend betrachtete. Wie dem auch sei, Machno wurde auf Schritt und Tritt behindert, während Denikin ständig an Boden gewann. Bald begannen die Bolschewiki, Einwände gegen die freien Bauernsowjets zu erheben, und im Mai 1919 traf der Oberbefehlshaber der südlichen Armeen, Kamenew, in Begleitung von Mitgliedern der Charkower Regierung im Hauptquartier Machnos ein, um die Streitfragen zu klären. Am Ende forderten die bolschewistischen Militärvertreter die Auflösung der *Powstantsi* . Diese lehnten ab und warfen den Bolschewiki einen Bruch ihres revolutionären Abkommens vor.

Inzwischen wurde der Vormarsch Denikins immer bedrohlicher, und Machno erhielt noch immer keine Unterstützung von den Bolschewiki. Die Bauernarmee beschloss daraufhin, für den 15. Juni eine Sondersitzung des Sowjets einzuberufen. Es sollten konkrete Pläne und Methoden beschlossen werden, um der wachsenden Bedrohung durch Denikin Einhalt zu gebieten. Doch am 4. Juni erließ Trotzki einen Befehl, der die Abhaltung der Konferenz verbot und Machno zum Gesetzlosen erklärte. Bei einer öffentlichen Versammlung in Charkow verkündete Trotzki, es sei besser, den Weißen zu gestatten, in der Ukraine zu bleiben, als Machno zu dulden. Die Anwesenheit der Weißen, sagte er, würde die ukrainische Bauernschaft zugunsten der Sowjetregierung beeinflussen, während Machno und seine *Bauern* niemals Frieden mit den Bolschewiki schließen würden; sie würden versuchen, sich ein Gebiet zu sichern und ihre Ideen umzusetzen, was eine ständige Bedrohung für die kommunistische Regierung darstellen würde. Es war praktisch eine Kriegserklärung an Machno und seine Armee. Bald wurde letztere von zwei Seiten gleichzeitig angegriffen – von den Bolschewiki und von Denikin. Die *Bauernarmee* war schlecht ausgerüstet und verfügte nicht über die notwendigsten Vorräte für den Krieg. Dennoch gelang es der Bauernarmee dank des militärischen Genies ihres Anführers und des tollkühnen Mutes seiner ergebenen Rebellen längere Zeit, sich zu behaupten.

Zur gleichen Zeit begannen die Bolschewiki eine Denunziationskampagne gegen Machno und seine *Powstantsi* . Die kommunistische Presse warf ihm vor, Denikin verräterisch die Südfront geöffnet zu haben, und brandmarkte Machnos Armee als Banditenbande und ihren Anführer als Konterrevolutionär, der um jeden Preis vernichtet werden müsse. Doch dieser „Konterrevolutionär" war sich der Bedrohung Denikins für die Revolution vollkommen bewusst. Er sammelte neue Kräfte und Unterstützung unter den Bauern, und in den Monaten September und Oktober 1919 versetzte sein Feldzug gegen Denikin diesem in der Ukraine den Todesstoß. Machno eroberte Denikins Artilleriebasis in Mariopol, vernichtete die Nachhut der feindlichen Armee und schaffte es, die Haupttruppe von ihrer Versorgungsbasis abzutrennen. Dieses brillante Manöver Machnos und der heldenhafte Kampf der Rebellenarmee führten erneut zu freundschaftlichen Kontakten mit den Bolschewiki. Das Verbot wurde von den *Powstantsi aufgehoben* und die kommunistische Presse begann nun, Machno als großes militärisches Genie und mutigen Verteidiger der Revolution in der Ukraine zu preisen. Doch die Differenzen zwischen Machno und den Bolschewiki waren tief verwurzelt: Er strebte die Gründung freier Bauernkommunen in der Ukraine an, während die Kommunisten darauf aus waren, die Herrschaft Moskaus durchzusetzen. Letztlich war ein Zusammenstoß unvermeidlich, und er kam Anfang Januar 1920.

Zu dieser Zeit bedrohte ein neuer Feind die Revolution. Grigoriev, früher in der zaristischen Armee, später ein Freund der Bolschewiki, wandte sich nun gegen sie. Nachdem Grigoriev im Süden aufgrund seiner Slogans von Freiheit und freien Sowjets beträchtliche Unterstützung gewonnen hatte, schlug er Machno vor, seine Kräfte gegen das kommunistische Regime zu vereinen. Machno berief ein Treffen der beiden Armeen ein und beschuldigte Grigoriev dort öffentlich der Konterrevolution und legte Beweise für zahlreiche von ihm organisierte Pogrome gegen die Juden vor. Machno und sein Stab erklärten Grigoriev zum Feind des Volkes und der Revolution und verurteilten ihn und seine Helfer zum Tode und richteten sie auf der Stelle hin. Ein Teil von Grigorievs Armee schloss sich Machno an.

Unterdessen setzte Denikin Machno weiter unter Druck und zwang ihn schließlich zum Rückzug. Natürlich nicht ohne erbitterte Kämpfe entlang der neunhundert Werst langen Linie. Der Rückzug dauerte vier Monate, während Machno in Richtung Galizien marschierte. Denikin rückte auf Charkow vor, dann weiter nach Norden, eroberte Orel und Kursk und erreichte schließlich die Tore von Tula in unmittelbarer Nähe Moskaus.

Die Rote Armee schien machtlos, den Vormarsch Denikins aufzuhalten, doch inzwischen hatte Machno neue Kräfte gesammelt und griff Denikins Rücken an. Die Unerwartetheit dieser neuen Wendung und die außerordentlichen militärischen Heldentaten von Machnos Männern in diesem Feldzug brachten Denikins Pläne durcheinander, demoralisierten seine Armee und gaben der Roten Armee die Gelegenheit, in der Nähe von Tula in die Offensive gegen den konterrevolutionären Feind zu gehen.

Als die Rote Armee Alexandrowsk erreichte, nachdem sie die Denikin-Truppen endgültig besiegt hatte, verlangte Trotzki von Machno erneut, dass er seine Männer entwaffnete und sich der Disziplin der Roten Armee unterwarf. Die *Powstantsi* weigerten sich, woraufhin ein organisierter Militärfeldzug gegen die Rebellen eingeleitet wurde, bei dem die Bolschewiki viele Gefangene machten und Dutzende andere töteten. Machno, dem es gelang, den bolschewistischen Fängen zu entkommen, wurde erneut zum Gesetzlosen und Banditen erklärt. Seitdem führte Machno ununterbrochen einen Guerillakrieg gegen das bolschewistische Regime.

Die Geschichte der ukrainischen Freunde, die ich hier in sehr gekürzter Form erzählt habe, klang so romantisch wie die Heldentaten von Stenka Rasin, dem berühmten Kosakenrebellen, der von Gogol verewigt wurde. Romantisch und malerisch, aber welchen Einfluss hatten die Aktivitäten von Machno und seinen Männern auf den Anarchismus, fragte ich die beiden Kameraden. Machno, so erklärten meine Informanten, war selbst ein Anarchist, der die Ukraine von aller Unterdrückung befreien und die latenten anarchistischen Tendenzen der Bauern entwickeln und organisieren wollte. Zu diesem Zweck hatte Machno die Anarchisten der Ukraine und Russlands wiederholt um Hilfe gebeten. Er bot ihnen die größtmögliche Gelegenheit für Propaganda- und Bildungsarbeit, versorgte sie mit Druckereien und Versammlungsorten und gewährte ihnen größtmögliche Handlungsfreiheit. Immer wenn Machno eine Stadt eroberte, wurde Rede- und Pressefreiheit für Anarchisten und linke Sozialrevolutionäre eingeführt. Machno sagte oft: „Ich bin ein Soldat und habe keine Zeit für Bildungsarbeit. Aber ihr, die ihr Schriftsteller und Redner seid, könnt diese Arbeit leisten. Schließt euch mir an und gemeinsam werden wir das Feld für ein echtes anarchistisches Experiment bereiten können." Aber der Hauptwert der Machno-Bewegung lag in den Bauern selbst, dachten meine Kameraden. Es war eine spontane, elementare Bewegung, der Widerstand der Bauern gegen alle Regierungen war nicht das Ergebnis von Theorien, sondern von bitterer Erfahrung und instinktiver Liebe zur Freiheit. Sie waren ein fruchtbarer Boden für anarchistische Ideen. Aus diesem Grund schlossen sich eine Reihe von Anarchisten Machno an. Sie begleiteten ihn bei den meisten seiner Militärkampagnen und betrieben während dieser Zeit energisch anarchistische Propaganda.

Zorin und andere Kommunisten haben mir erzählt, dass Machno ein Judenhasser war und dass seine *Anhänger* für zahlreiche brutale Pogrome verantwortlich waren. Meine Besucher haben diese Vorwürfe entschieden zurückgewiesen. Machno habe Pogrome erbittert bekämpft, sagten sie; er habe oft Proklamationen gegen solche Verbrechen herausgegeben und sogar einige derjenigen, die sich der Angriffe auf Juden schuldig gemacht hatten, eigenhändig bestraft. Natürlich war der Hass auf die Juden in der Ukraine weit verbreitet; er wurde nicht einmal unter den roten Soldaten ausgerottet. Auch sie haben Juden angegriffen, ausgeraubt und misshandelt; doch niemand macht die Bolschewiken für solche Einzelfälle verantwortlich. Die Ukraine ist voller bewaffneter Banden, die oft mit Machnovisten verwechselt werden und Pogrome verübt haben. Die Bolschewiken, die sich dessen bewusst waren, haben die Verwirrung ausgenutzt, um Machno und seine Anhänger zu diskreditieren. Die Anarchisten der Ukraine – so wurde mir mitgeteilt – idealisierten die Machno-Bewegung jedoch nicht. Sie wussten, dass die *Povstantsi* keine bewussten Anarchisten waren. Ihre Zeitung *Nabat* hatte diese Tatsache wiederholt betont. Andererseits konnten die Anarchisten die Bedeutung der Volksbewegung nicht übersehen, die instinktiv rebellisch, anarchistisch veranlagt und erfolgreich darin war, die Feinde der Revolution zurückzudrängen, was der besser organisierten und ausgerüsteten bolschewistischen Armee nicht gelang. Aus diesem Grund betrachteten es viele Anarchisten als ihre Pflicht, mit Machno zusammenzuarbeiten. Aber die Mehrheit blieb fern; sie hatten ihre größere kulturelle, pädagogische und organisatorische Arbeit zu erledigen.

Die eindringenden konterrevolutionären Kräfte unterschieden sich zwar in Charakter und Zielsetzung, aber alle waren sich in ihrer unerbittlichen Verfolgung der Anarchisten einig. Diese mussten leiden, egal, welches neue Regime sie hatten. Die Bolschewisten waren in dieser Hinsicht nicht besser als Denikin oder irgendein anderes weißes Element. Die bolschewistischen Gefängnisse waren voll von Anarchisten; viele wurden erschossen und alle legalen anarchistischen Aktivitäten wurden unterdrückt. Vor allem die Tscheka leistete grausame Arbeit, indem sie die alten zaristischen Methoden wiederbelebte, darunter sogar Folter.

Meine jungen Besucher sprachen aus Erfahrung: Sie waren selbst wiederholt in bolschewistischen Gefängnissen gewesen.

KAPITEL XII
UNTER DER OBERFLÄCHE

Die schreckliche Geschichte, die ich mir seit zwei Wochen anhören musste, brach wie ein Sturm über mich herein. War dies die Revolution, an die ich mein Leben lang geglaubt, nach der ich mich gesehnt und für die ich andere zu interessieren versucht hatte, oder war es eine Karikatur – ein abscheuliches Monster, das gekommen war, um mich zu verhöhnen und zu verspotten? Waren die Kommunisten, denen ich sechs Monate lang täglich begegnet war – aufopferungsvolle, hart arbeitende Männer und Frauen, die von hohen Idealen erfüllt waren – zu dem Verrat und den Gräueltaten fähig, die man ihnen vorwarf? Sinowjew, Radek, Sorin, Ravitch und viele andere, die ich kennengelernt hatte – konnten sie im Namen eines Ideals lügen, diffamieren, foltern, töten? Aber hatte mir Sorin nicht erzählt, dass die Todesstrafe in Russland abgeschafft worden war? Doch kurz nach meiner Ankunft erfuhr ich, dass am Vorabend des Tages, an dem das neue Dekret in Kraft trat, Hunderte von Menschen erschossen worden waren und dass die Schießereien der Tscheka tatsächlich nie aufgehört hatten.

Dass meine Freunde nicht übertrieben, als sie von Folterungen durch die Tscheka sprachen, erfuhr ich auch aus anderen Quellen. Die Beschwerden über die furchtbaren Zustände in den Petrograder Gefängnissen waren so zahlreich geworden, dass Moskau über die Situation in Kenntnis gesetzt wurde. Ein Tscheka-Inspektor kam, um Nachforschungen anzustellen. Da die Gefangenen Angst hatten zu sprechen, wurde ihnen Immunität zugesagt. Doch kaum war der Inspektor gegangen, als einer der Insassen, ein kleiner Junge, der sich sehr offen über die Brutalitäten der Tscheka geäußert hatte, aus seiner Zelle gezerrt und grausam geschlagen wurde.

Warum griff Zorin zu Lügen? Er musste doch wissen, dass ich nicht lange im Dunkeln tappen würde. Und war Lenin nicht auch derselben Methoden schuldig? „Anarchisten der Idee [*ideyni*] gibt es nicht in unseren Gefängnissen", hatte er mir versichert. Doch genau in diesem Moment füllten zahlreiche Anarchisten die Gefängnisse Moskaus und Petrograds und vieler anderer Städte Russlands. Im Mai 1920 wurden Dutzende von ihnen in Petrograd verhaftet, darunter zwei Mädchen im Alter von siebzehn und neunzehn Jahren. Keiner der Gefangenen wurde wegen konterrevolutionärer Aktivitäten angeklagt: Sie waren „Anarchisten der Ideen", um Lenins Ausdruck zu verwenden. Mehrere von ihnen hatten ein Manifest zum 1. Mai herausgegeben, in dem sie auf die entsetzlichen Bedingungen in den Fabriken der Sozialistischen Republik aufmerksam machten. Die beiden jungen

Mädchen, die ein Flugblatt gegen das gerade in Kraft getretene „Arbeitsbuch" verteilt hatten, wurden ebenfalls verhaftet.

Das Arbeitsbuch wurde von den Bolschewiki als eine der größten Errungenschaften des Kommunismus gefeiert. Es würde Gleichheit schaffen und den Parasitentum abschaffen, so hieß es. Tatsächlich ähnelte das Arbeitsbuch in gewisser Weise dem gelben Zettel, den Prostituierte unter dem zaristischen Regime erhielten. Es war eine Aufzeichnung jedes Schrittes, den jemand machte, und ohne ihn konnte kein Schritt getan werden. Es band seinen Inhaber an seinen Arbeitsplatz, an die Stadt, in der er lebte, und an das Zimmer, das er bewohnte. Es verzeichnete den politischen Glauben und die Parteizugehörigkeit des Menschen sowie die Anzahl seiner Verhaftungen. Kurz gesagt, ein gelber Zettel. Sogar einige Kommunisten ärgerten sich über diese entwürdigende Neuerung. Die Anarchisten, die dagegen protestierten, wurden von der Tscheka verhaftet. Als einige führende Kommunisten in dieser Angelegenheit angesprochen wurden, wiederholten sie, was Lenin gesagt hatte: „In unseren Gefängnissen gibt es keine ideenreichen Anarchisten."

Der Nimbus der Kommunisten schwand. Sie alle schienen zu glauben, dass der Zweck die Mittel heiligt. Ich erinnerte mich an Radeks Äußerungen zum ersten Jahrestag der Dritten Internationale, als er seinem Publikum von der „wunderbaren Ausbreitung des Kommunismus" in Amerika berichtete. „Fünfzigtausend Kommunisten sitzen in amerikanischen Gefängnissen", rief er aus. „Molly Stimer, ein achtzehnjähriges Mädchen, und ihre männlichen Gefährten, allesamt Kommunisten, wurden wegen ihrer kommunistischen Aktivitäten aus Amerika ausgewiesen." Ich dachte damals, Radek sei falsch informiert. Dennoch schien es seltsam, dass er sich nicht über die Fakten vergewisserte, bevor er solche Behauptungen aufstellte. Sie waren unehrlich und eine Beleidigung für Molly Stimer und ihre anarchistischen Kameraden, zusätzlich zu der Ungerechtigkeit, die sie durch die amerikanische Plutokratie erlitten hatten.

In den letzten Monaten hatte ich genug gesehen und gehört, um mich einigermaßen mit der kommunistischen Psychologie sowie den Theorien und Methoden der Bolschewiki vertraut zu machen. Die Geschichte ihres Doppelspiels mit Machno, die Brutalitäten der Tscheka und die Lügen Zorins überraschten mich nicht mehr. Mir war klar geworden, dass die Kommunisten bedingungslos an die jesuitische Formel glaubten, dass der Zweck *alle* Mittel heiligt. Tatsächlich schwelgten sie in dieser Formel. Jede Andeutung des Wertes des menschlichen Lebens, der Charakterqualität, der Bedeutung revolutionärer Integrität als Grundlage einer neuen Gesellschaftsordnung wurde als „bürgerliche Sentimentalität" abgetan, die im revolutionären Schema der Dinge keinen Platz hatte. Für die Bolschewiki war das zu erreichende Ziel der kommunistische Staat oder die sogenannte

Diktatur des Proletariats. Alles, was dieses Ziel förderte, war gerechtfertigt und revolutionär. Die Lenins, Radeks und Zorins waren daher ganz konsequent. Sie waren von der Unfehlbarkeit ihres Glaubens besessen und gaben sich bis zum Äußersten hin. Sie konnten gleichzeitig heroisch und verachtenswert sein. Sie konnten zwanzig Stunden am Tag arbeiten, von Heringen und Tee leben und die Ermordung unschuldiger Männer und Frauen anordnen. Gelegentlich versuchten sie, ihre Morde zu verschleiern, indem sie ein „Missverständnis" vortäuschten, denn heiligt der Zweck nicht alle Mittel? Sie konnten Folter anwenden und die Inquisition leugnen, sie konnten lügen und diffamieren und sich Idealisten nennen. Kurz gesagt, sie konnten sich und andere glauben machen, dass aus revolutionärer Sicht alles legitim und richtig sei; jede andere Politik sei schwach, sentimental oder ein Verrat an der Revolution.

Als ich einmal die brutale Art kritisierte, mit der zarte Frauen zum Schneeschaufeln auf die Straße getrieben wurden, und darauf beharrte, dass sie auch Menschen seien, selbst wenn sie der Bourgeoisie angehörten, und dass man auf ihre körperliche Fitness Rücksicht nehmen müsse, sagte ein Kommunist zu mir: „Sie sollten sich schämen; Sie, eine alte Revolutionärin und noch dazu so sentimental." Es war dieselbe Haltung, die einige Kommunisten gegenüber Angelica Balabanova einnahmen, weil sie immer fürsorglich und hilfsbereit war, wo immer es möglich war. Kurz gesagt, ich war zu der Erkenntnis gelangt, dass die Bolschewisten soziale Puritaner waren, die aufrichtig glaubten, dass sie allein dazu bestimmt waren, die Menschheit zu retten. Meine Beziehungen zu den Bolschewisten wurden gespannter, meine Haltung gegenüber der Revolution wurde kritischer, je mehr ich sie fand.

Eines wurde mir völlig klar: Ich konnte mich nicht der sowjetischen Regierung anschließen; ich konnte keine Arbeit annehmen, die mich der Kontrolle der kommunistischen Maschinerie unterwerfen würde. Das Volkskommissariat für Bildung wurde so sehr von dieser Maschinerie beherrscht, dass es hoffnungslos war, etwas anderes als Routinearbeit zu erwarten. Tatsächlich konnte man, wenn man nicht Kommunist war, fast nichts erreichen. Ich hatte mich Lunatscharski anschließen wollen, den ich für einen der kultiviertesten und am wenigsten dogmatischen Kommunisten in hoher Position hielt. Aber ich war überzeugt, dass Lunatscharski selbst ein hilfloses Rädchen in der Maschine war, dessen beste Bemühungen ständig eingeschränkt und kontrolliert wurden. Ich hatte auch viel über das System der Günstlingswirtschaft und Korruption gelernt, das in der Schulverwaltung und der Behandlung von Kindern vorherrschte. Einige Schulen waren in hervorragendem Zustand, die Kinder gut ernährt und gut gekleidet und erfreuten sich an Konzerten, Theateraufführungen, Tänzen und anderen Vergnügungen. Aber die Mehrheit der Schulen und Kinderheime war schäbig, schmutzig und vernachlässigt. Die Verantwortlichen der „bevorzugten" Schulen hatten keine großen Schwierigkeiten, alles zu beschaffen, was ihre Schützlinge brauchten, da sie oft einen Überschuss hatten. Die Verwalter der „normalen" Schulen hingegen vergeudeten ihre Zeit und Energie wochenlang damit, von einer Abteilung zur anderen zu laufen, und waren entmutigt und erschöpft vom endlosen Warten, bis sie das Allernötigste besorgen konnten.

Zunächst schrieb ich diesen Zustand dem Mangel an Nahrungsmitteln und Materialien zu. Ich hörte oft genug, dass die Blockade und die Intervention dafür verantwortlich seien. Das stimmte größtenteils. Wäre Russland nicht so ausgehungert gewesen, hätten Misswirtschaft und Korruption nicht so verheerende Folgen gehabt. Aber zu dem vorherrschenden Mangel an Dingen kam noch die vorherrschende Vorstellung kommunistischer Propaganda hinzu. Sogar die Kinder mussten diesem Zweck dienen. Die gut unterhaltenen Schulen dienten nur zur Schau, für die ausländischen Missionen und Delegierten, die Russland besuchten. Alles wurde für diese Schauschulen verschwendet, auf Kosten der anderen.

Ich erinnere mich, wie alle in Petrograd über einen Artikel in der Petrograder *Prawda* vom Mai erschrocken waren, der die entsetzlichen Zustände in den Schulen enthüllte. Ein Komitee der Jugendorganisationen der Kommunisten untersuchte einige der Institutionen. Sie fanden die Kinder schmutzig, voller Ungeziefer, auf schmutzigen Matratzen schlafend, mit miserablem Essen gefüttert, zur Strafe damit bestraft, dass man sie die Nacht über in dunkle Räume sperrte, ihnen das Abendessen verweigerte und sie sogar schlugen. Die Zahl der Beamten und Angestellten in den Schulen war geradezu kriminell. In einer Schule zum Beispiel gab es 138 Beamte für 125 Kinder. In einer anderen waren es 40 für 25 Kinder. All diese Parasiten nahmen den unglücklichen Kindern das Brot aus dem Mund.

Die Zorins hatten wiederholt mit mir über Lillina gesprochen, die Leiterin der Petrograder Bildungsabteilung. Sie sei eine wunderbare Arbeiterin, sagten sie, hingebungsvoll und fähig. Ich hatte sie mehrmals sprechen hören, war aber nicht beeindruckt: Sie wirkte spröde und selbstzufrieden, eine typische puritanische Schulfrau. Aber ich wollte mir keine Meinung bilden, bevor ich nicht mit ihr gesprochen hatte. Als die Schulenthüllungen veröffentlicht wurden, beschloss ich, Lillina aufzusuchen. Wir unterhielten uns über eine Stunde lang über die Schulen, die ihr unterstanden, über Bildung im Allgemeinen, das Problem behinderter Kinder und deren Behandlung. Sie verharmloste die Missstände in ihren Schulen und behauptete, „die jungen Kameraden hätten die Mängel übertrieben". Jedenfalls, fügte sie hinzu, seien die Schuldigen bereits von den Schulen verwiesen worden.

Wie viele andere verantwortungsbewusste Kommunisten widmete sich Lillina ihrer Arbeit mit Hingabe und widmete ihr all ihre Zeit und Energie. Natürlich konnte sie nicht alles persönlich beaufsichtigen; die Schauschulen waren ihrer Einschätzung nach die wichtigsten, und deshalb widmete sie ihnen die meiste Zeit. Die anderen Schulen wurden ihren zahlreichen Assistenten überlassen, deren Eignung für die Arbeit weitgehend nach ihrer politischen Nützlichkeit beurteilt wurde. Unser Gespräch bestärkte mich in meiner Überzeugung, dass ich an der Arbeit des bolschewistischen Bildungsausschusses nicht beteiligt sein konnte.

Das Gesundheitsamt bot ebenso wenig Gelegenheit für echten Dienst – einen Dienst, der nicht zugunsten von Scheinkrankenhäusern oder der politischen Ansichten der Patienten diskriminieren sollte. Dieses Prinzip der Diskriminierung herrschte leider sogar in den Krankenzimmern. Wie alle kommunistischen Institutionen wurde das Gesundheitsamt von einem politischen Kommissar geleitet, Doktor Perwuchin. Er war bestrebt, meine Unterstützung zu gewinnen, und schlug vor, mich mit der Leitung der Fabrik-, Ambulanz- oder Bezirkskrankenpflege zu betrauen – ein sehr schmeichelhaftes und verlockendes Angebot, das mich sehr ansprach. Ich hatte mehrere Gespräche mit Doktor Perwuchin, aber sie führten zu keinem praktischen Ergebnis.

Wann immer ich seine Abteilung besuchte, fand ich Gruppen von Männern und Frauen, die warteten, endlos warteten. Es waren Ärzte und Krankenschwestern, Angehörige der *Intelligenzia* – keiner von ihnen Kommunisten –, die in verschiedenen medizinischen Bereichen beschäftigt waren, aber ihre Zeit und Energie wurden in den Wartezimmern von Doktor Perwuchin, dem politischen Kommissar, vergeudet. Sie waren ein trauriger Haufen, entmutigt und niedergeschlagen, diese Männer und Frauen, einst die Blüte Russlands. Sollte ich mich dieser tragischen Prozession anschließen und mich dem politischen Joch unterwerfen? Erst wenn ich überzeugt wäre, dass das Joch für den revolutionären Prozess unverzichtbar war, würde ich dem zustimmen. Ich fühlte, dass ich mir zuerst eine Arbeit von überparteilichem Charakter sichern musste, eine Arbeit, die es mir ermöglichen würde, die Verhältnisse in Russland zu studieren und in direkten Kontakt mit den Menschen, den Arbeitern und Bauern zu kommen. Nur dann würde ich in der Lage sein, meinen Weg aus dem Chaos der Zweifel und der seelischen Qualen zu finden, dem ich zum Opfer gefallen war.

KAPITEL XIII
BEITRITT IN DAS MUSEUM DER REVOLUTION

Das Museum der Revolution ist im Winterpalast untergebracht, in der Suite, die einst als Kinderzimmer der Zarenkinder diente. Der Eingang zu diesem Teil des Palastes ist als *Detsky podyezd bekannt* . Aus den Fenstern des Palastes muss der Zar oft über die Newa auf die Peter-und-Paul-Festung geblickt haben, das lebendige Grabmal seiner politischen Feinde. Wie anders war das heute! Der Gedanke daran beflügelte meine Vorstellungskraft. Ich war voller Staunen und Magie über die große Veränderung, als ich das Museum zum ersten Mal besuchte.

Ich fand Gruppen von Männern und Frauen bei der Arbeit in den verschiedenen Räumen, zusammengekauert in ihre Umhänge und zitternd vor Kälte. Ihre Gesichter waren aufgedunsen und bläulich, ihre Hände erfroren, ihr ganzes Aussehen schattenhaft. Was muss die Hingabe dieser Menschen sein, dachte ich, wenn sie unter solchen Bedingungen weiterarbeiten können. Der Sekretär des Museums, MB Kaplan, empfing mich sehr herzlich und drückte „die Hoffnung aus, dass ich mich an der Arbeit des Museums beteiligen werde". Er und ein anderes Mitglied des Personals verbrachten mehrere Male viel Zeit mit mir und erklärten mir die Pläne und Ziele des Museums. Sie baten mich, an der Expedition teilzunehmen, die das Museum damals organisierte und die nach Süden in die Ukraine und den Kaukasus führen sollte. Dort sollte wertvolles Material aus der Revolutionszeit gesammelt werden, erklärten sie. Die Idee gefiel mir. Abgesehen von meinem allgemeinen Interesse am Museum und seinen Bemühungen bedeutete dies überparteiliche Arbeit, frei von Kommissaren und eine außergewöhnliche Gelegenheit, Russland zu sehen und zu studieren.

Im Laufe unserer Bekanntschaft erfuhr ich, dass weder Herr Kaplan noch sein Freund Kommunisten waren. Doch während Herr Kaplan stark probolschewistisch eingestellt war und alles zu verteidigen und zu erklären versuchte, war der andere Mann kritisch, wenn auch keineswegs feindselig. Während meines Aufenthalts in Petrograd sah ich beide Männer oft und lernte von ihnen eine Menge über die Revolution und die Methoden der Bolschewiki. Kaplans Freund, dessen Namen ich aus offensichtlichen Gründen nicht nennen kann, sprach oft von der völligen Unmöglichkeit, innerhalb der kommunistischen Maschinerie kreative Arbeit zu leisten. „Die Bolschewiki", sagte er, „beklagen sich immer über den Mangel an fähiger Hilfe, doch niemand – außer ein Kommunist – hat eine große Chance." Das Museum gehörte zu den Institutionen, in die am wenigsten eingegriffen wurde, und die Arbeit dort ging gut voran. Dann wurde eine Gruppe von zwanzig Jugendlichen dorthin geschickt, junge und unerfahrene Jungen, die mit der Arbeit nicht vertraut waren. Da sie Kommunisten waren, wurden sie in Autoritätspositionen versetzt, was zu Reibereien und Verwirrung führte. Jeder fühlte sich beobachtet und ausspioniert. „Die Bolschewiki kümmern sich nicht um Verdienste", sagte er; „ihr Hauptanliegen ist ein Mitgliedsausweis." Er war nicht begeistert über die Zukunft des Museums, glaubte jedoch, dass die Zusammenarbeit mit den „Amerikanern" zu seiner richtigen Entwicklung beitragen würde.

Schließlich entschied ich mich für das Museum, da es mir die geeignetste Arbeit bot, vor allem weil diese Institution unparteiisch war. Ich hatte gehofft, einen wichtigeren Beitrag zum Leben Russlands zu leisten als das Sammeln historischen Materials; dennoch hielt ich diese Arbeit für wertvoll und notwendig. Als ich mich endgültig bereit erklärt hatte, Mitglied der Expedition zu werden, besuchte ich das Museum täglich, um bei den Vorbereitungen für die lange Reise zu helfen. Es gab viel Arbeit. Es war keine leichte Angelegenheit, ein Auto zu beschaffen, es für die beschwerliche Reise auszurüsten und die Dokumente zu beschaffen, die uns Zugang zu dem Material verschafften, das wir sammeln wollten.

Während ich bei diesen Vorbereitungen half, traf Angelica Balabanova in Petrograd ein, um die italienische Mission zu treffen. Sie schien verwandelt. Sie hatte sich nach ihren italienischen Kameraden gesehnt: Sie würden ihr einen Hauch ihres geliebten Italiens bringen, ihres früheren Lebens und ihrer Arbeit dort. Obwohl Angelica Russin von Geburt, Ausbildung und revolutionären Traditionen war, war sie in Italien verwurzelt. Ich verstand sie und ihr Gefühl der Fremdheit in diesem Land, dessen harter Boden ein neues und strahlendes Leben hervorbringen sollte, gut. Angelica wollte nicht einmal sich selbst eingestehen, dass das so ersehnte Leben eine Totgeburt war. Aber da ich sie kannte, fiel es mir nicht schwer zu verstehen, wie bitter ihre Trauer über das unglückliche und formlose Ding war, das nach Russland gekommen war. Aber jetzt kamen ihre geliebten Italiener! Sie würden die Wärme und Farbe Italiens mitbringen.

Die Italiener kamen und mit ihnen neue Festlichkeiten, Demonstrationen, Versammlungen und Reden. Wie anders erschien mir das alles als meine denkwürdigen ersten Tage auf Belo-Ostrov. Zweifellos waren die Italiener jetzt genauso beeindruckt wie ich damals, genauso inspiriert von dem scheinbaren Wunder Russlands. Sechs Monate und die unmittelbare Nähe zur Realität veränderten das Bild für mich völlig. Die Spontaneität, die Begeisterung, die Vitalität waren alle verschwunden. Nur ein blasser Schatten blieb, ein grinsendes Phantom, das sich an mein Herz klammerte.

Auf dem Urizki-Platz waren die Massen des langen Wartens müde. Sie waren stundenlang dort festgehalten worden, bevor die italienische Mission aus dem Taurischen Palais eintraf. Die Zeremonien begannen gerade, als eine

Frau, die blass und bleich an der Tribüne lehnte, zu weinen begann. Ich stand dicht daneben. „Sie reden leicht", stöhnte sie, „aber wir haben den ganzen Tag nichts gegessen. Wir haben den Befehl erhalten, direkt von unserer Arbeit abzumarschieren, da wir sonst unsere Brotrationen verlieren würden. Seit fünf Uhr morgens bin ich auf den Beinen. Wir durften nach der Arbeit nicht nach Hause gehen, um unser Mittagessen einzunehmen. Wir mussten hierher kommen. Siebzehn Stunden mit einem Stück Brot und etwas *Kipyatok* [gekochtem Wasser]. Wissen die Besucher etwas über uns?" Die Reden gingen weiter, die „Internationale" wurde zum zehnten Mal wiederholt, die Matrosen führten ihre Kunstübungen durch und die Claqueure auf der Tribüne riefen Hurra. Ich eilte davon. Auch ich weinte, obwohl meine Augen trocken blieben.

Die italienische Mission war wie die englische im Narischkin-Palast untergebracht. Als ich Angelica eines Tages dort besuchte, fand ich sie in einem aufgewühlten Gemütszustand vor. Durch einen der Diener hatte sie erfahren, dass die ehemalige Prinzessin Narischkin, die frühere Besitzerin des Palastes, gekommen war, um um die silberne Ikone zu betteln, die seit Generationen im Besitz der Familie war. „Nur diese Ikone", hatte sie gefleht. Aber die Ikone war jetzt Staatseigentum, und Balabanova konnte nichts dagegen tun. „Stellen Sie sich vor", sagte Angelica, „Narischkin, alt und verlassen, steht jetzt bettelnd an der Straßenecke, und ich lebe in diesem Palast. Wie schrecklich ist das Leben! Ich bin nicht dafür geeignet; ich muss weg."

Doch Angelica war an die Parteidisziplin gebunden; sie blieb im Palast, bis sie nach Moskau zurückkehrte. Ich weiß, dass sie sich nicht viel glücklicher fühlte als die zerlumpte und hungernde Ex-Prinzessin, die an der Straßenecke bettelte.

Balabanova, die darauf bedacht war, dass ich eine passende Arbeit fand, teilte mir eines Tages mit, dass Petrowski, in Amerika als Doktor Goldfarb bekannt, in Petrograd eingetroffen sei. Er war Leiter der Zentralen Militärausbildungsabteilung, zu der auch die Krankenpflegeschulen gehörten. Ich hatte den Mann in den Staaten nie getroffen, aber ich hatte von ihm als Arbeitsredakteur des New York *Forward gehört* , der jüdischen sozialistischen Tageszeitung. Er bot mir eine Stelle als Chefausbilderin an der Militärkrankenpflegeschule an, mit der Absicht, mir amerikanische Krankenpflegemethoden beizubringen, oder mich mit einem Sanitätszug an die polnische Front zu schicken. Ich hatte meine Dienste bei den ersten Nachrichten vom polnischen Angriff auf Russland angeboten: Ich fühlte, dass die Revolution in Gefahr war, und eilte zu Zorin, um ihn zu bitten, mir als Krankenpfleger zugeteilt zu werden. Er versprach, die Angelegenheit den zuständigen Behörden vorzulegen, aber ich hörte nichts weiter davon. Ich war daher ziemlich überrascht über Petrowskis Vorschlag. Er kam jedoch zu spät. Was ich seitdem über die Situation in der Ukraine erfahren hatte, die bolschewistischen Methoden gegenüber Machno und der *Powstantsi*-Bewegung, die Verfolgung der Anarchisten und die Aktivitäten der Tscheka, hatte meinen Glauben an die Bolschewisten als Revolutionäre völlig erschüttert. Das Angebot kam zu spät. Aber Moskau hielt es vielleicht für unklug, mir einen Blick hinter die Kulissen der Front zu gewähren; Petrowski hatte es versäumt, mich über die Moskauer Entscheidung zu informieren. Ich war erleichtert.

Endlich erhielten wir die frohe Botschaft, dass die größte Schwierigkeit überwunden war: Ein Wagen für die Museumsexpedition war gesichert. Er bestand aus sechs Abteilen und war frisch gestrichen und gereinigt. Nun begann die Arbeit an der Ausstattung. Normalerweise hätte es noch zwei Monate gedauert, aber wir konnten auf die Unterstützung des Mannes zählen, der das Museum leitete, des Vorsitzenden Yatmanov, eines Kommunisten. Er war auch für alle Besitztümer des Winterpalastes verantwortlich, in dem das Museum untergebracht ist. Der größte Teil der Wäsche, des Silbers und der Glaswaren aus den Lagerräumen des Zaren war entfernt worden, aber es war noch viel übrig. Ausgestattet mit einem Befehl des Vorsitzenden wurde mir gezeigt, was einst als heiliger Bezirk von Romanow-Lakaien bewacht wurde. Ich fand Räume, die bis zur Decke mit seltenem und schönem Porzellan vollgestopft waren, und Abteile, die mit feinster Wäsche gefüllt waren. Der Keller, der sich über die gesamte Länge des Winterpalastes erstreckte, war mit Küchenutensilien jeder Größe und Art gefüllt. Blechteller und Töpfe wären für die Expedition besser geeignet gewesen, aber aufgrund der Vorschrift, dass keine Institution etwas, das sie selbst besitzt, von einer anderen beziehen darf, blieb mir nichts anderes übrig, als das Einfachste zu wählen, was im Winterpalast zu bekommen war. Ich ging nach Hause und dachte über die Seltsamkeit des Lebens nach: Revolutionäre, die aus dem Wappenservice der Romanows essen. Aber ich empfand keine Hochstimmung darüber.

KAPITEL XIV
PETROPAWLOWSK UND SCHLÜSSELBURG

Da bis zu unserer Abreise noch einige Zeit vergehen würde, nutzte ich die sich bietende Gelegenheit, um die historischen Gefängnisse, die Peter-und-Paul-Festung und die Schlüsselburg zu besuchen. Ich erinnerte mich an die Furcht und Ehrfurcht, die mich allein die Namen dieser Orte erfüllten, als ich als dreizehnjähriges Kind zum ersten Mal nach Petrograd kam. Tatsächlich reichte meine Furcht vor der Festung Petropawlowsk bis in eine viel frühere Zeit zurück. Ich glaube, ich muss sechs Jahre alt gewesen sein, als unsere Familie einen großen Schock erlitt: Wir erfuhren, dass der älteste Bruder meiner Mutter, Jegor, ein Student an der Universität Petersburg, verhaftet und in der Festung festgehalten worden war. Meine Mutter machte sich sofort auf den Weg in die Hauptstadt. Wir Kinder blieben zu Hause, voller Angst und Besorgnis, dass Mutter unseren Onkel nicht unter den Lebenden finden könnte. Wir verbrachten ängstliche Wochen und Monate, bis Mutter schließlich zurückkehrte. Wir freuten uns riesig, als wir hörten, dass sie ihren Bruder von den lebenden Toten gerettet hatte. Aber die Erinnerung an den Schock blieb mir lange Zeit im Gedächtnis.

Sieben Jahre später, meine Familie lebte damals in Petersburg, wurde ich zufällig auf einen Botengang geschickt, der mich an der Peter-und-Paul-Festung vorbeiführte. Der Schock, den ich viele Jahre zuvor erlitten hatte, kam mit lähmender Kraft wieder in mir hoch. Da stand die schwere Masse aus Stein, dunkel und unheimlich. Ich hatte schreckliche Angst. Das große Gefängnis war für mich immer noch ein Spukhaus, und mein Herz klopfte vor Angst, wann immer ich daran vorbei musste. Jahre später, als ich begonnen hatte, aus dem Leben und dem Heldentum der großen russischen Revolutionäre Kraft zu schöpfen, wurde die Peter-und-Paul-Festung noch verhasster. Und jetzt war ich im Begriff, ihre geheimnisvollen Mauern zu betreten und mit eigenen Augen den Ort zu sehen, der das lebendige Grab so vieler der besten Söhne und Töchter Russlands gewesen war.

Der Führer, der uns durch die verschiedenen Ravelins führen sollte, war seit zehn Jahren im Gefängnis. Er kannte jeden Stein des Ortes. Aber die Stille sagte mir mehr als alle Informationen des Führers. Die Märtyrer, die ihre Flügel gegen den kalten Stein schlugen und nach oben in Richtung Licht und Luft strebten, wurden für mich lebendig. Die Dekabristi, Tschernishevsky, Dostojewski, Bakunin, Kropotkin und Dutzende anderer sprachen mit tausendstimmiger Stimme von ihrem sozialen Idealismus und ihrem persönlichen Leiden – von ihren großen Hoffnungen und ihrem inbrünstigen Glauben an die endgültige Befreiung Russlands. Jetzt können die flatternden Geister der heldenhaften Toten in Frieden ruhen: Ihr Traum ist wahr geworden. Aber was ist das für eine seltsame Schrift an der Wand?

„Heute Nacht werde ich erschossen, weil ich einmal eine Ausbildung erworben habe." Ich hatte fast das Bewusstsein für die Realität verloren. Die Inschrift weckte mich wieder. „Was ist das?", fragte ich den Wächter. „Das sind die letzten Worte eines *intelligenten Menschen* ", antwortete er. "Nach der Oktoberrevolution füllte die *Intelligenz* dieses Gefängnis. Von hier wurden sie herausgeholt und erschossen oder auf Lastkähne verladen, um nie wieder zurückzukehren. Es waren schreckliche Tage und noch schrecklichere Nächte." Der Traum derer, die ihr Leben für die Befreiung Russlands gegeben hatten, war also doch nicht wahr geworden. Gibt es irgendeine Veränderung in der Welt? Oder ist alles eine ewige Wiederholung der Unmenschlichkeit des Menschen gegenüber dem Menschen?

Wir erreichten den Abschnitt des Gefängnisses, in dem den Gefangenen eine halbe Stunde Erholung gestattet war. Einer nach dem anderen mussten sie in absoluter Stille die schmale Gasse auf und ab gehen, während die Wachen auf der Mauer bereit waren, bei der geringsten Regelübertretung zu schießen. Und während die Eingesperrten und Gefesselten den baumlosen Weg entlanggingen, blickten die allmächtigen Romanows aus dem Winterpalast auf den goldenen Turm, der die Festung krönte, um sich zu vergewissern, dass ihre verhassten Feinde ihre Sicherheit nie wieder bedrohen würden. Aber nicht einmal Petropawlowsk konnte die Zaren vor der tödlichen Hand der Zeit und der Revolution retten. Es gibt tatsächlich *Veränderungen* ; langsam und schmerzhaft, aber sie kommen.

Im Gefängnis trafen wir Angelica Balabanova und die Italiener. Wir gingen durch das riesige Gefängnis, jeder in seine eigenen Gedanken vertieft, die durch das, was er sah, in Gang gesetzt wurden. Würde Angelica die Schrift an der Wand bemerken, fragte ich mich. „Heute Nacht werde ich erschossen, weil ich einmal eine Ausbildung erhalten habe."

Einige Zeit später machten einige aus unserer Gruppe einen Ausflug zur Schlüsselburg, der noch schrecklicheren Grabstätte der politischen Feinde des Zarismus. Die Bootsfahrt dauert mehrere Stunden auf dem schönen Fluss Newa. Der Tag war kühl und grau, genau wie unsere Stimmung – genau die richtige Stimmung für einen Besuch der Schlüsselburg. Die Festung wurde streng bewacht, aber unsere Museumserlaubnis sicherte uns sofortigen Zutritt. Die Schlüsselburg ist ein kompakter Steinhaufen, der auf einem hohen Felsen im offenen Meer thront. Viele Jahrzehnte lang wurden in ihren undurchdringlichen Mauern nur die Opfer höfischer Intrigen und der Ungnade des Zaren eingemauert, aber später wurde sie zum Golgatha der politischen Feinde des zaristischen Regimes.

Ich hatte von Schlüsselburg gehört, als meine Eltern zum ersten Mal nach Petersburg kamen; aber anders als bei der Peter-und-Paul-Festung hatte ich keine persönliche Reaktion auf diesen Ort. Erst die russische

Revolutionsliteratur machte mir die Bedeutung von Schlüsselburg bewusst. Besonders die Geschichte von Volkenstein, einer der beiden Frauen, die viele Jahre an diesem gefürchteten Ort verbracht hatten, hinterließ einen unauslöschlichen Eindruck in meinem Gedächtnis. Doch nichts, was ich gelesen hatte, machte den Ort so real und furchterregend wie der Moment, als ich die Steintreppe hinaufstieg und vor den abweisenden Toren stand. Was die Auswirkungen auf den physischen Zustand der Peter-und-Paul-Festung anging, hätte die Revolution vielleicht nie stattgefunden. Das Gefängnis blieb intakt und war für die sofortige Nutzung durch das neue Regime bereit. Nicht so Schlüsselburg. Der Zorn des Proletariats legte dieses Haus der Toten fast bis auf die Grundmauern nieder.

Wie grausam und pervers der menschliche Geist, der eine Schlüsselburg erschaffen konnte! Wahrlich, kein Wilder könnte des teuflischen Geistes schuldig sein, der dieses entsetzliche Grab ersann. Zellen, die wie Säcke gebaut waren, ohne Türen oder Fenster und mit nur einer kleinen Öffnung, durch die die Opfer in ihr lebendiges Grab hinabgelassen wurden. Andere Zellen waren Steinkäfige, die den Geist in den Wahnsinn trieben und das Herz der Unglücklichen zerfleischten. Und doch hielten Männer und Frauen zwanzig Jahre an diesem schrecklichen Ort aus. Welche Stärke, welche Ausdauer, welchen erhabenen Glauben muss man gehabt haben, um durchzuhalten und lebend daraus hervorzugehen! Hier verbrachten Netchaev, Lopatin, Morosov, Volkenstein, Figner und andere der großartigen Truppe ihr gequältes Leben. Hier ist das Massengrab von Ulianov, Mishkin, Kalayev, Balmashev und vielen anderen. Die schwarze Tafel mit ihren Namen spricht lauter als die für immer verstummten Stimmen. Nicht einmal die tosenden Wellen, die gegen den Felsen der Schlüsselburg schlagen, können diese anklagende Stimme übertönen.

Petropawlowsk und Schlüsselburg sind der lebende Beweis dafür, wie vergeblich die Hoffnung der Mächtigen ist, den Frankensteins zu entkommen, die sie selbst geschaffen haben.

Kapitel XV:
Die Gewerkschaften

Es war der Monat Juni, und die Zeit unserer Abreise rückte näher. Petrograd schien schöner denn je; die weißen Nächte waren angebrochen – fast helles Tageslicht ohne seinen Glanz, die geheimnisvollen, beruhigenden weißen Nächte von Petrograd. Es gab Gerüchte über eine konterrevolutionäre Gefahr, und die Stadt wurde gegen Angriffe bewacht. Da Kriegsrecht herrschte, war es verboten, nach 1 Uhr morgens auf die Straße zu gehen , obwohl es fast hell war. Gelegentlich erhielten Freunde Sondergenehmigungen, und dann gingen wir durch die verlassenen Straßen oder entlang der Ufer der dunklen Newa und diskutierten flüsternd über die verwirrende Situation. Ich suchte nach einem herausragenden Merkmal in dem verschwommenen Bild – der russischen Revolution, einer riesigen Flamme, die über die Welt schoss und den schwarzen Horizont der Enterbten und Unterdrückten erhellte – der Revolution, der neuen Hoffnung, dem großen spirituellen Erwachen. Und hier war ich mittendrin, doch nirgends konnte ich das Versprechen und die Erfüllung des großen Ereignisses erkennen. Hatte ich die Bedeutung und das Wesen der Revolution missverstanden? Vielleicht waren das Unrecht und das Böse, das ich in diesen fünf Monaten gesehen habe, untrennbar mit einer Revolution verbunden. Oder war es die politische Maschine, die die Bolschewiki geschaffen haben – ist das die Kraft, die die Revolution niederschlägt? Wenn ich die Geburt der letzteren miterlebt hätte, könnte ich das jetzt besser beurteilen. Aber anscheinend bin ich am Ende angekommen – am qualvollen Ende eines Volkes. Es ist alles so komplex, so undurchdringlich, ein *Tupik* , eine Sackgasse, wie die Russen es nennen. Nur Zeit und ernsthaftes Studium, unterstützt durch mitfühlendes Verständnis, werden mir den Ausweg zeigen. In der Zwischenzeit muss ich meinen Mut bewahren und – weg von Petrograd, raus unters Volk.

Dann war der lang erwartete Moment da. Am 30. Juni 1920 wurde unser Waggon an einen Bummelzug namens „Maxim Gorki" angekoppelt und wir verließen den Nikolajewski-Bahnhof in Richtung Moskau.

In Moskau mussten viele Formalitäten erledigt werden. Wir dachten, ein paar Tage würden genügen, aber wir blieben zwei Wochen. Unser Aufenthalt war dennoch interessant. Die Stadt war voller Delegierter zum Zweiten Kongress der Dritten Internationale; aus allen Teilen der Welt hatten die Arbeiter ihre Kameraden in das gelobte Land geschickt, das revolutionäre Russland, die erste Arbeiterrepublik. Unter den Delegierten befanden sich auch Anarchisten und Syndikalisten, die ebenso fest davon überzeugt waren wie ich sechs Monate zuvor, dass die Bolschewiki das Symbol der Revolution seien. Sie waren dem Moskauer Ruf mit Begeisterung gefolgt. Einige von ihnen hatte ich in Petrograd kennengelernt und nun wollten sie unbedingt von meinen Erfahrungen hören und meine Ansichten erfahren. Aber was sollte ich ihnen sagen, und würden sie mir glauben, wenn ich es täte? Hätte ich vor meiner Ankunft in Russland irgendwelche negative Kritik geglaubt? Außerdem hatte ich das Gefühl, dass meine Ansichten über die Bolschewiki noch zu unausgereift, zu vage, ein Konglomerat bloßer Eindrücke waren. Meine alten Werte waren zerstört und ich war bisher nicht in der Lage gewesen, sie wiederherzustellen. Ich konnte mich daher nicht zu den grundlegenden Fragen äußern, teilte meinen Freunden jedoch mit, dass die Gefängnisse in Moskau und Petrograd voller Anarchisten und anderer Revolutionäre seien, und riet ihnen, sich nicht mit den offiziellen Erklärungen zufrieden zu geben, sondern selbst Nachforschungen anzustellen. Ich warnte sie, dass sie von Führern und Dolmetschern umgeben sein würden, die meisten von ihnen Männer der Tscheka, und dass sie die Fakten nur dann erfahren könnten, wenn sie entschlossene, unabhängige Anstrengungen unternähmen.

Damals herrschte in Moskau große Aufregung. Die Druckergewerkschaft war unterdrückt und ihr gesamter Vorstand ins Gefängnis gesteckt worden. Die Gewerkschaft hatte eine öffentliche Versammlung einberufen, zu der Mitglieder der britischen Arbeitermission eingeladen waren. Dort erschien unerwartet der berühmte Sozialrevolutionär Tschernow. Er kritisierte das bolschewistische Regime scharf, erhielt von dem riesigen Arbeiterpublikum Beifall und verschwand dann ebenso mysteriös, wie er gekommen war. Der Menschewik Dan war weniger erfolgreich. Er sprach ebenfalls vor der Versammlung, konnte jedoch nicht entkommen: Er landete in der Tscheka. Am nächsten Morgen verurteilten die Moskauer *Prawda* und die *Iswestija* das Vorgehen der Druckergewerkschaft als konterrevolutionär und empörten sich darüber, dass Tschernow das Wort hatte ergreifen dürfen. Die Zeitungen forderten eine exemplarische Bestrafung der Drucker, die es wagten, sich der Sowjetregierung zu widersetzen.

Auch die Bäckergewerkschaft, eine sehr militante Organisation, war unterdrückt und ihre Leitung durch Kommunisten ersetzt worden. Einige Monate zuvor, im März, hatte ich an einem Bäckerkongress teilgenommen. Die Delegierten machten auf mich den Eindruck einer mutigen Gruppe, die keine Angst hatte, das bolschewistische Regime zu kritisieren und die Forderungen der Arbeiter vorzutragen. Ich wunderte mich damals, dass man ihnen erlaubte, die Konferenz fortzusetzen, denn sie waren offen gegen die Kommunisten eingestellt. „Die Bäcker sind ‚Shkurniki‘ [Schäler]“, sagte man mir; „sie stiften immer zu Streiks an, und nur Konterrevolutionäre können in der Arbeiterrepublik streiken wollen.“ Aber mir schien, dass die Arbeiter einer solchen Argumentation nicht folgen konnten. Sie streikten. Sie begingen sogar ein noch abscheulicheres Verbrechen: Sie weigerten sich, für den kommunistischen Kandidaten zu stimmen und wählten stattdessen einen Mann ihrer Wahl. Auf diese Aktion der Bäcker folgte die Verhaftung mehrerer ihrer aktiveren Mitglieder. Natürlich ärgerten sich die Arbeiter über die willkürlichen Methoden der Regierung.

Später traf ich einige der Bäcker und fand sie sehr verbittert gegenüber der Kommunistischen Partei und der Regierung. Ich erkundigte mich nach dem Zustand ihrer Gewerkschaft und sagte ihnen, ich sei informiert worden, die russischen Gewerkschaften seien sehr mächtig und hätten die praktische Kontrolle über das industrielle Leben des Landes. Die Bäcker lachten. „Die Gewerkschaften sind die Lakaien der Regierung", sagten sie; „sie haben keine unabhängige Funktion, und die Arbeiter haben in ihnen nichts zu sagen. Die Gewerkschaften erfüllen bloße Polizeidienste für die Regierung." Das klang ganz anders als die Geschichte, die Melnichansky, der Vorsitzende des Moskauer Gewerkschaftssowjets, erzählte, den ich bei meinem ersten Besuch in Moskau kennengelernt hatte.

Bei dieser Gelegenheit hatte er mir das Gewerkschaftshauptquartier, das *Dom Sojusow* , gezeigt und erklärt, wie die Organisation funktionierte. Sieben Millionen Arbeiter seien in den Gewerkschaften, sagte er; alle Berufe und Branchen gehörten dazu. Die Arbeiter selbst verwalteten die Industrien und besaßen sie. „Das Gebäude, in dem Sie sich jetzt befinden, gehört ebenfalls den Gewerkschaften", bemerkte er stolz; „früher war es das Haus des Adels." Der Raum, in dem wir uns befanden, war für festliche Versammlungen genutzt worden, und die großen Adligen saßen in Stühlen mit Wappen um den Tisch in der Mitte. Melnichansky zeigte mir den geheimen unterirdischen Gang, der durch eine kleine Drehscheibe verborgen war, durch den die Adligen im Falle einer Gefahr fliehen konnten. Sie hätten nie davon geträumt, dass die Arbeiter sich eines Tages um denselben Tisch versammeln und in der wunderschönen Halle mit den Marmorsäulen sitzen würden. Die Bildungs- und Kulturarbeit der Gewerkschaften, erklärte der Vorsitzende weiter, sei von größter Bedeutung. „Wir haben unsere Arbeiterhochschulen und andere kulturelle Einrichtungen, die Kurse und Vorlesungen zu verschiedenen Themen anbieten. Sie werden alle von den Arbeitern geleitet. Die Gewerkschaften besitzen ihre eigenen Freizeiteinrichtungen und wir haben Zugang zu allen Theatern." Aus seiner Erklärung ging hervor, dass die Gewerkschaften Russlands einen Stand erreicht hatten, der weit über alles hinausgeht, was Arbeiterorganisationen in Europa und Amerika kennen.

Einen ähnlichen Bericht hatte ich von Tsiperovitch gehört, dem Vorsitzenden der Petrograder Gewerkschaften, mit dem ich meine erste Reise nach Moskau unternommen hatte. Er hatte mir auch den Petrograder Arbeitertempel gezeigt, ein schönes und geräumiges Gebäude, in dem die Petrograder Gewerkschaften ihre Büros hatten. Sein Vortrag machte auch deutlich, dass die Arbeiter Russlands endlich zu ihrem Recht gekommen waren.

Doch allmählich begann ich, die andere Seite der Medaille zu sehen. Ich stellte fest, dass das Bild der Gewerkschaften wie die meisten Dinge in Russland zwei Seiten hatte: eine, die ausländischen Besuchern und „Ermittlern" vorgeführt wurde, die andere, die den Massen bekannt war. Den Bäckern und Druckern war kürzlich die andere Seite gezeigt worden. Das war eine Lektion über die Vorteile, die den Gewerkschaften in der Sozialistischen Republik zuteil wurden.

Im März hatte ich an einer Wahlversammlung teilgenommen, die von den Arbeitern einer der großen Moskauer Fabriken organisiert worden war. Es war die aufregendste Versammlung, die ich in Russland erlebt hatte – der schwach beleuchtete Saal in den Fabrikklubräumen, die von Entbehrungen und Leiden gezeichneten Gesichter der Männer und Frauen, das intensive Gefühl über das Unrecht, das ihnen angetan wurde, all das beeindruckte mich sehr stark. Ihr gewählter Vertreter, ein Anarchist, war von den sowjetischen Behörden sein Mandat verweigert worden. Es war das dritte Mal, dass die Arbeiter zusammenkamen, um ihren Delegierten für den Moskauer Sowjet wiederzuwählen, und jedes Mal wählten sie denselben Mann. Der kommunistische Kandidat, der ihm gegenüberstand, war Semaschko, der Kommissar des Gesundheitsministeriums. Ich hatte erwartet, einen gebildeten und kultivierten Mann zu finden. Aber das Verhalten und die Sprache des Kommissars bei dieser Wahlversammlung hätten einen Bottichträger beschämt. Er wetterte gegen die Arbeiter, weil sie einen Nichtkommunisten gewählt hatten, verhängte den Fluch über sie und drohte ihnen mit der Tscheka und der Kürzung ihrer Rationen. Aber er hatte keine Wirkung auf das Publikum, außer dass er deren Opposition gegen ihn betonte und Feindseligkeit gegen die Partei schürte, die er vertrat. Der endgültige Sieg ging jedoch an Semaschko. Die Wahl der Arbeiter wurde von den Behörden abgelehnt und später sogar verhaftet und inhaftiert. Das war im März. Im Mai, während des Besuchs der britischen Arbeitermission, traten der Fabrikkandidat und andere politische Gefangene in einen Hungerstreik, der zu ihrer Freilassung führte.

Die Geschichte, die mir die Bäcker über ihre Wahlerlebnisse erzählten, hatte etwas von unserem Wilden Westen in seinen Pioniertagen. Tschekisten mit geladenen Gewehren besuchten regelmäßig Gewerkschaftsversammlungen und machten deutlich, was passieren würde, wenn es den Arbeitern nicht gelingen sollte, einen Kommunisten zu wählen. Aber die Bäcker, eine starke und militante Organisation, ließen sich nicht einschüchtern. Sie erklärten, dass in Moskau kein Brot gebacken würde, wenn sie nicht ihren eigenen Kandidaten wählen dürften. Das hatte die gewünschte Wirkung. Nach der Versammlung versuchten die Tschekisten, den gewählten Kandidaten zu

verhaften, aber die Bäcker umringten ihn und brachten ihn sicher nach
Hause. Am nächsten Tag schickten sie ihr Ultimatum an die Behörden,
forderten die Anerkennung ihrer Wahl und drohten im Falle einer Weigerung
mit Streik. So triumphierten die Bäcker und erlangten einen Vorteil
gegenüber ihren weniger mutigen Brüdern in den anderen
Arbeiterorganisationen von geringerer Bedeutung. Im hungernden Russland
war die Arbeit der Bäcker so wichtig wie das Leben selbst.

KAPITEL XVI
MARIA SPIRIDONOVA

Zum Volkskommissariat für Bildung gehörte auch die Museumsabteilung. Das Petrograder Revolutionsmuseum hatte zwei Vorsitzende; Lunatscharski war einer von ihnen, und es war notwendig, seine Unterschrift unter unsere Beglaubigungen zu bekommen, die bereits von Sinowjew, dem zweiten Vorsitzenden des Museums, unterschrieben worden waren. Ich wurde beauftragt, Lunatscharski zu treffen.

Ich fühlte mich ihm gegenüber ziemlich schuldig. Ich verließ Moskau im März mit dem Versprechen, innerhalb einer Woche zurückzukehren, um ihn bei seiner Arbeit zu unterstützen. Jetzt, vier Monate später, bat ich ihn um seine Mitarbeit auf einem ganz anderen Gebiet. Ich ging in den Kreml, entschlossen, Lunatscharski zu sagen, was ich über die Situation in Russland dachte. Aber die Anwesenheit einer Reihe von Leuten in seinem Büro entlastete mich von dieser Notwendigkeit; es blieb mir keine Zeit, die Angelegenheit zu besprechen. Ich konnte Lunatscharski lediglich über den Zweck der Expedition informieren und ihn um seine Hilfe bei der Arbeit bitten. Es fand seine Zustimmung. Er unterzeichnete unsere Beglaubigungsschreiben und gab mir außerdem Empfehlungs- und Empfehlungsschreiben, um unsere Bemühungen für das Museum zu erleichtern.

Während unsere Kommission die notwendigen Vorbereitungen für die Reise in die Ukraine traf, fand ich Zeit, verschiedene Institutionen in Moskau zu besuchen und einige interessante Leute kennenzulernen. Unter ihnen waren einige bekannte linke Sozialrevolutionäre, die ich bei meinem vorherigen Besuch kennengelernt hatte. Ich hatte ihnen damals gesagt, dass ich unbedingt Maria Spiridonowa besuchen wollte, über deren Zustand ich viele widersprüchliche Geschichten gehört hatte. Aber zu diesem Zeitpunkt konnte kein Treffen arrangiert werden: Es hätte Spiridonowa in Gefahr gebracht, denn sie lebte illegal als Bäuerin. Die Geschichte wiederholt sich tatsächlich. Unter dem Zaren hatte Spiridonowa, ebenfalls als Bauernmädchen verkleidet, Luchanowski, den Gouverneur von Tambo, beschattet, der als Bauernpeitscher bekannt war. Nachdem sie ihn erschossen hatte, wurde sie verhaftet, gefoltert und später zum Tode verurteilt. Die westliche Welt war aufgeregt, und aufgrund ihrer Proteste wurde das Urteil gegen Spiridonowa in lebenslange Verbannung nach Sibirien umgewandelt. Sie verbrachte elf Jahre dort; die Februarrevolution brachte ihr die Freiheit und die Rückkehr nach Russland. Maria Spiridonowa stürzte sich sofort in die revolutionäre Tätigkeit. Nun lebte Maria in der Sozialistischen Republik erneut verdeckt, nachdem sie aus dem Kremlgefängnis entkommen war.

Schließlich wurden Vorkehrungen getroffen, damit ich Spiridonova besuchen konnte, und ich wurde ermahnt, darauf zu achten, dass mir keine Tscheka-Männer folgten. Wir vereinbarten mit Marias Freunden einen Treffpunkt und von dort aus liefen wir im Zickzack durch mehrere Straßen, bis wir schließlich das oberste Stockwerk eines Hauses im hinteren Teil eines Hofes erreichten. Ich wurde in ein kleines Zimmer geführt, in dem sich ein Bett, ein kleiner Schreibtisch, ein Bücherregal und mehrere Stühle befanden. Vor dem Schreibtisch, der mit Briefen und Papieren hoch aufgetürmt war, saß eine zerbrechliche kleine Frau, Maria Spiridonova. Sie war also eine der großen Märtyrerinnen Russlands, diese Frau, die die Folterungen, die ihr von den Schergen des Zaren zugefügt wurden, so unerschrocken ertragen hatte. Zorin und Jack Reed hatten mir erzählt, dass Spiridonova einen Zusammenbruch erlitten hatte und in einem Sanatorium untergebracht war. Sie sagten, ihre Krankheit sei akute Neurasthenie und Hysterie. Als ich Maria gegenüberstand, wurde mir sofort klar, dass beide Männer mich getäuscht hatten. Zorin überraschte mich nicht mehr: Vieles von dem, was er mir erzählt hatte, stellte ich allmählich als völlig falsch heraus. Reed hingegen, der mit der Sprache nicht vertraut war und völlig unter dem Einfluss des neuen Glaubens stand, nahm zu viel als selbstverständlich hin. So teilte er mir nach seiner Rückkehr aus Moskau mit, dass die Geschichte von der Massenerschießung von Gefangenen *am* Vorabend der Abschaffung der Todesstrafe tatsächlich wahr sei; aber, so versicherte er mir, die Schuld liege bei einem gewissen Beamten der Tscheka, der bereits mit seinem Leben dafür bezahlt habe. Ich hatte Gelegenheit, der Sache nachzugehen. Ich fand heraus, dass Jack wieder einmal in die Irre geführt worden war. Es war nicht so, dass ein bestimmter Mann für das Massenmorden bei dieser Gelegenheit verantwortlich war. Die Tat war durch das gesamte System und den Charakter der Tscheka bedingt.

Ich verbrachte zwei Tage mit Maria Spiridonowa und hörte mir ihre Schilderung der Ereignisse seit Oktober 1917 an. Sie sprach ausführlich über die Begeisterung und den Eifer der Massen und die Hoffnungen der Bolschewiki, über ihren Aufstieg zur Macht und ihre allmähliche Wendung nach rechts. Sie erläuterte den Frieden von Brest-Litowsk, den sie als erstes Glied in der Kette betrachtete, die seither die Revolution fesselt. Sie ging ausführlich auf die *Raswerska* ein, das System der Zwangsrequirierung, das Russland verwüstete und alles diskreditierte, wofür die Revolution gekämpft hatte; sie verwies auf den Terrorismus, den die Bolschewiki gegen jede revolutionäre Kritik praktizierten, auf die neue kommunistische Bürokratie und Ineffizienz und die Hoffnungslosigkeit der gesamten Situation. Es war eine vernichtende Anklage gegen die Bolschewiki, ihre Theorien und Methoden.

Wenn Spiridonowa wirklich einen Zusammenbruch erlitten hatte, wie man mir versichert hatte, und hysterisch und geistig unausgeglichen war, muss sie eine außergewöhnliche Selbstbeherrschung gehabt haben. Sie war ruhig, in sich gekehrt und in jedem Punkt klar. Sie beherrschte ihr Material und ihre Informationen vollkommen. Bei mehreren Gelegenheiten während ihrer Erzählung, als sie Zweifel in meinem Gesicht bemerkte, bemerkte sie: „Ich fürchte, Sie glauben mir nicht ganz. Nun, hier ist, was mir einige der Bauern schreiben", und sie griff zu einem Stapel Briefe auf ihrem Schreibtisch und las mir Passagen vor, die herzzerreißend vor Elend und Bitterkeit gegen die Bolschewiki waren. In gestelzter Handschrift, manchmal fast unleserlich, schrieben die Bauern der Ukraine und Sibiriens über die Schrecken der *Razverstka* und was sie ihnen und ihrem Land angetan hatte. „Sie haben uns alles weggenommen, sogar die letzten Samen für die nächste Aussaat." „Die Kommissare haben uns alles geraubt." So lauteten die Briefe. Häufig wollten die Bauern wissen, ob Spiridonowa zu den Bolschewiki übergelaufen sei. „Wenn auch du uns im Stich lässt, *Matuschka* , haben wir niemanden, an den wir uns wenden können", schrieb ein Bauer.

Die Ungeheuerlichkeit ihrer Anschuldigungen war kaum glaubwürdig. Schließlich waren die Bolschewiki Revolutionäre. Wie konnten sie sich der schrecklichen Dinge schuldig machen, die man ihnen vorwarf? Vielleicht waren sie nicht für die Situation verantwortlich, wie sie sich entwickelt hatte; sie hatten die ganze Welt gegen sich. Da war zum Beispiel der Frieden von Brest. Als die Nachricht davon Amerika erreichte, saß ich zufällig im Gefängnis. Ich dachte lange und sorgfältig darüber nach, ob Sowjetrussland berechtigt war, mit dem deutschen Imperialismus zu verhandeln. Aber ich sah keinen Ausweg aus der Situation. Ich war für den Frieden von Brest. Seit ich nach Russland kam, hörte ich widersprüchliche Versionen davon. Fast alle, außer den Kommunisten, betrachteten das Abkommen von Brest als ebenso einen Verrat an der Revolution wie die Rolle der deutschen Sozialisten im Krieg – einen Verrat am Geist des Internationalismus. Die Kommunisten dagegen verteidigten einstimmig den Frieden und verurteilten jeden als Konterrevolutionär, der die Weisheit und die revolutionäre Berechtigung dieses Abkommens in Frage stellte. „Wir konnten nichts anderes tun", argumentierten die Kommunisten. „Deutschland hatte eine mächtige Armee, wir dagegen keine. Hätten wir uns geweigert, den Vertrag von Brest zu unterzeichnen, hätten wir das Schicksal der Revolution besiegelt. Wir waren uns bewusst, dass Brest einen Kompromiss bedeutete, aber wir wussten, dass die Arbeiter Russlands und des Rests der Welt verstehen würden, dass wir dazu gezwungen worden waren. Unser Kompromiss war ähnlich dem der Arbeiter, die nach einem erfolglosen Streik gezwungen werden, die Bedingungen ihrer Herren zu akzeptieren."

Doch Spiridonowa war nicht überzeugt. „In dem Argument der Bolschewiki ist kein einziges Wort wahr", sagte sie. Es stimmt, dass Russland keine disziplinierte Armee hatte, um dem deutschen Vormarsch entgegenzutreten, aber es hatte etwas unendlich Effektiveres: Es hatte ein bewusstes revolutionäres Volk, das die Invasoren bis zum letzten Blutstropfen zurückgekämpft hätte. Tatsächlich war es das Volk, das alle konterrevolutionären militärischen Versuche gegen Russland aufgehalten hatte. Wer sonst als das Volk, die Bauern und die Arbeiter machte es der deutschen und österreichischen Armee unmöglich, in der Ukraine zu bleiben? Wer besiegte Denikin und die anderen konterrevolutionären Generäle? Wer triumphierte über Koltschak und Judenitsch? Lenin und Trotzki behaupten, es sei die Rote Armee gewesen. Doch die historische Wahrheit war, dass die freiwilligen Militäreinheiten der Arbeiter und Bauern – die *Powstantsi* – in Sibirien wie auch im Süden Russlands die Hauptlast der Kämpfe an allen Fronten getragen hatten, wobei die Rote Armee normalerweise nur die Siege der ersteren vollendete. Trotzki wollte heute, dass der Brester Vertrag angenommen werden müsse, aber er selbst hatte sich einst geweigert, den Vertrag zu unterzeichnen, und auch Radek, Joffe und andere führende Kommunisten waren dagegen. Heute wird behauptet, sie hätten die schändlichen Bedingungen akzeptiert, weil sie erkannten, wie hoffnungslos ihre Hoffnung war, die deutschen Arbeiter würden die Junker davon abhalten, gegen das revolutionäre Russland zu marschieren. Aber das war nicht der wahre Grund. Es war die Peitsche der Parteidisziplin, die Trotzki und andere zur Unterwerfung zwang.

„Das Problem mit den Bolschewiki", fuhr Spiridonowa fort, „ist, dass sie kein Vertrauen in die Massen haben. Sie erklärten sich selbst zu einer proletarischen Partei, aber sie weigerten sich, den Arbeitern zu vertrauen." Es war dieser Mangel an Vertrauen, betonte Maria, der die Kommunisten vor dem deutschen Imperialismus kapitulieren ließ. Und was die Revolution selbst betrifft, war es gerade der Brest-Frieden, der ihr einen tödlichen Schlag versetzte. Abgesehen vom Verrat an Finnland, Weißrussland, Lettland und der Ukraine – die durch den Brest-Frieden der Gnade der deutschen Junker ausgeliefert waren – sahen die Bauern Tausende ihrer Brüder erschlagen und mussten sich der Beraubung und Plünderung beugen. Der einfache Bauernverstand konnte die völlige Umkehrung der früheren bolschewistischen Parolen „keine Entschädigung und keine Annexionen" nicht verstehen. Aber selbst der einfachste Bauer konnte verstehen, dass seine Mühe und sein Blut dazu dienten, die durch die Brest-Bedingungen auferlegten Entschädigungen zu bezahlen. Die Bauern wurden verbittert und feindselig gegenüber dem Sowjetregime. Entmutigt und niedergeschlagen wandten sie sich von der Revolution ab. Was die Auswirkungen des Brester Friedens auf die deutschen Arbeiter angeht: Wie konnten sie weiterhin an die russische Revolution glauben, wenn man bedenkt, dass die Bolschewiki über die Köpfe des deutschen Proletariats hinweg mit den deutschen Herren Friedensbedingungen ausgehandelt und diese akzeptiert hatten? Die historische Tatsache bleibt, dass der Brester Frieden der Anfang vom Ende der russischen Revolution war. Zweifellos trugen auch andere Faktoren zu dem Debakel bei, aber Brest war der verhängnisvollste von ihnen.

Spiridonowa behauptete, die Elemente der linken Sozialrevolutionäre hätten die Bolschewiki vor diesem Frieden gewarnt und ihn verzweifelt bekämpft. Selbst nachdem er unterzeichnet worden war, weigerten sie sich, ihn anzunehmen. Sie betrachteten Mirbachs Anwesenheit im revolutionären Russland als eine Beleidigung der Revolution, als eine schreiende Ungerechtigkeit gegenüber dem heldenhaften russischen Volk, das in seinem Kampf gegen Imperialismus und Kapitalismus so viel geopfert und gelitten hatte. Spiridonowas Partei entschied, dass Mirbach in Russland nicht geduldet werden könne: Mirbach müsse gehen. Auf Mirbachs Hinrichtung folgten Massenverhaftungen und Verfolgungen, da die Bolschewiki dem deutschen Kaiser ihre Dienste erwiesen. Sie füllten die Gefängnisse mit russischen Revolutionären.

Im Laufe unseres Gesprächs habe ich angedeutet, dass die Methode der *Razverstka* den Bolschewiki wahrscheinlich durch die Weigerung der Bauern aufgezwungen wurde, die Stadt mit Lebensmitteln zu versorgen. Zu Beginn der Revolutionsperiode, erklärte Spiridonova, hätten die Bauern, solange die Bauernsowjets existierten, bereitwillig und großzügig gespendet. Aber als die bolschewistische Regierung begann, diese Sowjets aufzulösen und 500 Bauerndelegierte verhaftete, wurden die Bauern feindselig. Außerdem wurden sie täglich Zeugen der Ineffizienz des kommunistischen Regimes: Sie sahen, wie ihre Produkte auf Nebenstationen lagen und verrotteten oder sich im Besitz von Spekulanten auf dem Markt befanden. Natürlich würden sie unter solchen Bedingungen nicht weiter spenden. Die Tatsache, dass die Bauern sich nie geweigert hatten, der Roten Armee Vorräte zu spenden, bewies, dass auch andere Methoden als die von den Bolschewiki angewandten hätten angewandt werden können. Die *Razverstka* diente nur dazu, die Kluft zwischen Dorf und Stadt zu vergrößern. Die Bolschewiki griffen auf Strafexpeditionen zurück, die zum Terror des Landes wurden. Wo immer sie hinkamen, hinterließen sie Tod und Verderben. Die Bauern waren schließlich in Verzweiflung geraten und begannen, gegen das kommunistische Regime zu rebellieren. In verschiedenen Teilen Russlands, im Süden, am Ural und in Sibirien kam es zu Bauernaufständen, die überall mit Waffengewalt und eiserner Hand niedergeschlagen wurden.

Spiridonowa sprach nicht über ihre eigenen Leiden, seit sie sich von den Bolschewiki getrennt hatte. Aber ich erfuhr von anderen, dass sie zweimal verhaftet und für längere Zeit inhaftiert worden war. Selbst als sie frei war, wurde sie überwacht, wie schon zu Zeiten des Zaren. Mehrmals wurde sie gefoltert, indem man sie nachts hinausführte und ihr mitteilte, sie werde erschossen – eine beliebte Methode der Tscheka. Ich erwähnte das Thema gegenüber Spiridonowa. Sie leugnete die Tatsachen nicht, obwohl sie ungern über sich selbst sprach. Sie war völlig in das Schicksal der Revolution und ihrer geliebten Bauernschaft vertieft. Sie machte sich keine Gedanken über sich selbst, aber es war ihr ein Anliegen, der Welt und dem internationalen Proletariat die wahren Verhältnisse im bolschewistischen Russland mitzuteilen.

Von allen Gegnern der Bolschewiki, die ich kennengelernt hatte, erschien mir Maria Spiridonowa als eine der aufrichtigsten, ausgeglichensten und überzeugendsten. Ihre heroische Vergangenheit und ihre Weigerung, ihre revolutionären Ideen unter dem Zarismus wie auch unter dem Bolschewismus zu kompromittieren, waren ausreichende Garantien für ihre revolutionäre Integrität.

KAPITEL XVII
EIN WEITERER BESUCH BEI PETER KROPOTKIN

Wenige Tage vor unserer Abreise in die Ukraine bot sich die Gelegenheit, Peter Kropotkin noch einmal zu besuchen. Ich freute mich über die Chance, den lieben alten Mann unter günstigeren Bedingungen zu sehen als im März. Ich erwartete zumindest, dass wir nicht durch die Anwesenheit von Zeitungsleuten behindert werden würden, wie beim letzten Mal.

Bei meinem ersten Besuch im schneebedeckten März kam ich spät abends bei Kropotkins Hütte an. Der Ort sah verlassen und öde aus. Aber jetzt war es Sommer. Das Land war frisch und duftend; der Garten hinter dem Haus, in Grün gehüllt, lächelte fröhlich, die goldenen Strahlen der Sonne verbreiteten Wärme und Licht. Peter, der seinen Mittagsschlaf hielt, war nicht zu sehen, aber Sofya Grigorievna, seine Frau, war da, um uns zu begrüßen. Wir hatten einige Vorräte mitgebracht, die Sascha Kropotkin für ihren Vater gegeben hatte, und mehrere Körbe mit Dingen, die von einer anarchistischen Gruppe geschickt worden waren. Während wir diese Schätze auspackten, überraschte uns Peter Alekseyevitch. Er schien ein veränderter Mensch zu sein: Der Sommer hatte ein Wunder in ihm bewirkt. Er wirkte gesünder, stärker, lebendiger als bei unserem letzten Treffen. Er führte uns sofort in den Gemüsegarten, der fast ausschließlich Sofyas eigene Arbeit war und der Haupterwerb der Familie war. Peter war sehr stolz darauf. „Was sagst du dazu?", rief er aus; „Alles Sofjas Arbeit. Und sehen Sie diese neue Salatsorte" – er zeigte auf einen riesigen Kopf. Er sah jung aus, er war fast fröhlich, seine Konversation sprühte vor Leben. Seine Beobachtungsgabe, sein ausgeprägter Sinn für Humor und seine großzügige Menschlichkeit waren so erfrischend, dass er einen das Elend Russlands, die eigenen Konflikte und Zweifel und die grausame Realität des Lebens vergessen ließ.

Nach dem Abendessen versammelten wir uns in Peters Arbeitszimmer – einem kleinen Raum mit einem gewöhnlichen Tisch als Schreibtisch, einem schmalen Feldbett, einem Waschtisch und Bücherregalen. Ich konnte nicht anders, als im Geiste dieses einfache, enge Arbeitszimmer von Kropotkin mit den prachtvollen Quartieren von Radek und Sinowjew zu vergleichen. Peter war daran interessiert, meine Eindrücke zu erfahren, seit er mich das letzte Mal gesehen hatte. Ich erzählte ihm, wie verwirrt und gequält ich war, wie alles unter meinen Füßen zusammenzubrechen schien. Ich sagte ihm, dass ich angefangen hatte, an fast allem zu zweifeln, sogar an der Revolution selbst. Ich konnte die grausige Realität nicht mit dem in Einklang bringen, was die Revolution für mich bedeutet hatte, als ich nach Russland kam. Waren die Bedingungen, die ich vorfand, unvermeidlich – die gefühllose Gleichgültigkeit gegenüber dem menschlichen Leben, der Terrorismus, die Verschwendung und Qual all dessen? Natürlich wusste ich, dass

Revolutionen nicht mit Samthandschuhen angefasst werden konnten. Sie sind eine harte Notwendigkeit, die Gewalt und Zerstörung mit sich bringt, ein schwieriger und schrecklicher Prozess. Aber was ich in Russland vorgefunden hatte, war völlig anders als revolutionäre Bedingungen, so grundlegend anders, dass es eine Karikatur war.

Peter hörte aufmerksam zu; dann sagte er: „Es gibt überhaupt keinen Grund, den Glauben zu verlieren. Ich halte die russische Revolution für noch größer als die französische, denn sie hat die Seele Russlands, die Herzen und Gedanken des russischen Volkes tiefer getroffen. Nur die Zeit kann ihr volles Ausmaß und ihre Tiefe zeigen. Was Sie heute sehen, ist nur die Oberfläche, Bedingungen, die von einer herrschenden Klasse künstlich geschaffen wurden. Sie sehen eine kleine politische Partei, die durch ihre falschen Theorien, Fehler und Ineffizienz gezeigt hat, wie Revolutionen *nicht* gemacht werden dürfen.“ Es sei bedauerlich – fuhr Kropotkin fort –, dass so viele Anarchisten in Russland und die Massen außerhalb Russlands von den ultrarevolutionären Vorwänden der Bolschewiki mitgerissen worden seien. In dem großen Aufruhr wurde vergessen, dass die Kommunisten eine politische Partei sind, die fest an der Idee eines zentralisierten Staates festhält, und dass sie als solche den Verlauf der Revolution zwangsläufig in die falsche Richtung lenken mussten. Die Bolschewiki waren die Jesuiten der sozialistischen Kirche: Sie glaubten an das jesuitische Motto, dass der Zweck die Mittel heiligt. Ihr Ziel ist die politische Macht, und sie schrecken vor nichts zurück. Die Mittel jedoch haben die Energie der Massen gelähmt und die Menschen terrorisiert. Doch ohne das Volk, ohne die direkte Beteiligung der Massen am Wiederaufbau des Landes, konnte nichts Wesentliches erreicht werden. Die Bolschewiki waren durch die Flut der Revolution an die Spitze getragen worden. Als sie erst einmal an der Macht waren, begannen sie, sich gegen die Flut zu stemmen. Sie versuchten, die kulturellen Kräfte des Landes zu beseitigen und zu unterdrücken, die nicht ganz mit ihren Ideen und Methoden übereinstimmten. Sie zerstörten die Genossenschaften, die für das Leben Russlands von größter Bedeutung waren, die große Verbindung zwischen Land und Stadt. Sie schufen eine Bürokratie und einen Beamtenapparat, der sogar den des alten Regimes übertraf. In dem Dorf, in dem er lebte, im kleinen Dmitrow, gab es mehr bolschewistische Beamte als jemals während der Herrschaft der Romanows. Alle diese Leute lebten auf Kosten der Massen. Sie waren Parasiten des sozialen Körpers, und Dmitrow war nur ein kleines Beispiel für das, was in ganz Russland vor sich ging. Es war nicht die Schuld einzelner Personen, sondern des Staates, den sie geschaffen hatten, der jedes revolutionäre Ideal diskreditiert, jede Initiative unterdrückt und Inkompetenz und Verschwendung belohnt. Man dürfe auch nicht vergessen, betonte Kropotkin, dass die Blockade und die fortwährenden Angriffe der Interventionisten auf die Revolution dazu beigetragen hätten, die Macht des kommunistischen Regimes zu stärken.

Intervention und Blockade ließen Russland ausbluten und verhinderten, dass die Menschen die wahre Natur des bolschewistischen Regimes verstanden.

Über die Aktivitäten und die Rolle der Anarchisten in der Revolution sagte Kropotkin: „Wir Anarchisten haben viel über Revolutionen gesprochen, aber nur wenige von uns waren auf die tatsächliche Arbeit vorbereitet, die während des Prozesses geleistet werden muss. Ich habe in meiner ‚Eroberung des Brotes‘ einige Dinge in dieser Hinsicht angedeutet. Pouget und Pataud haben in ihrem Werk ‚Wie man die soziale Revolution vollbringt‘ ebenfalls eine Vorgehensweise skizziert." Kropotkin war der Meinung, dass die Anarchisten den grundlegenden Elementen der sozialen Revolution nicht genügend Beachtung geschenkt hatten. Die wirklichen Fakten in einem revolutionären Prozess bestehen nicht so sehr im eigentlichen Kampf – das heißt, lediglich in der destruktiven Phase, die notwendig ist, um den Weg für konstruktive Bemühungen freizumachen. Der grundlegende Faktor einer Revolution ist die Organisation des Wirtschaftslebens des Landes. Die russische Revolution hatte schlüssig bewiesen, dass wir uns gründlich darauf vorbereiten müssen. Alles andere ist von untergeordneter Bedeutung. Er war zu der Überzeugung gelangt, dass der Syndikalismus wahrscheinlich das liefern würde, was Russland am meisten fehlte: den Kanal, durch den der industrielle und wirtschaftliche Wiederaufbau des Landes fließen könnte. Er bezog sich auf den Anarchosyndikalismus. Dies und die Genossenschaften würden anderen Ländern einige der Fehler und das Leid ersparen, die Russland derzeit durchmacht.

Ich verließ Dmitrow, sehr getröstet durch die Wärme und das Licht, das die wunderbare Persönlichkeit von Peter Kropotkin ausstrahlte; und was ich von ihm gehört hatte, machte mir viel Mut. Ich kehrte nach Moskau zurück, um bei der Fertigstellung der Reisevorbereitungen zu helfen. Am 15. Juli 1920 wurde unser Wagen endlich an einen Zug in die Ukraine angehängt.

KAPITEL XVIII
UNTERWEGS

Unser Zug wollte gerade Moskau verlassen, als wir von einem interessanten Besucher überrascht wurden – Krasnoschekov, dem Präsidenten der fernöstlichen Republik, der vor kurzem aus Sibirien in der Hauptstadt angekommen war. Er hatte von unserer Anwesenheit in der Stadt gehört, konnte uns aber aus irgendeinem Grund nicht finden. Schließlich traf er Alexander Berkman, der ihn in den Museumswagen einlud.

Krasnoschekovs Aussehen hatte sich seit seiner Zeit in Chicago, als er, bekannt als Tobinson, Leiter des Arbeiterinstituts in dieser Stadt war, enorm verändert. Damals war er einer der vielen russischen Emigranten auf der West Side und als Organisator und Dozent in der sozialistischen Bewegung aktiv. Jetzt sah er aus wie ein anderer Mensch; sein Gesichtsausdruck war streng, er trug den Stempel der Autorität, und er schien sogar größer geworden zu sein. Aber im Herzen blieb er derselbe – einfach und freundlich, der Tobinson, den wir in Chicago gekannt hatten.

Wir hatten nur wenig Zeit zur Verfügung und unser Besucher nutzte sie, um uns einen Einblick in die Verhältnisse im Fernen Osten und die dortige Regierungsform zu geben. Er bestand aus Vertretern verschiedener politischer Fraktionen und „sogar Anarchisten sind bei uns“, sagte Krasnoschekov; „so ist zum Beispiel Schatow Eisenbahnminister. Wir sind im Osten unabhängig und es herrscht Meinungsfreiheit. Kommen Sie herüber und testen Sie uns, Sie werden ein Feld für Ihre Arbeit finden.“ Er lud Alexander Berkman und mich ein, ihn in Tschita zu besuchen und wir versicherten ihm, dass wir hofften, der Einladung zu einem späteren Zeitpunkt nachzukommen. Er schien eine andere Atmosphäre mitgebracht zu haben und wir bedauerten, uns so bald zu trennen.

Auf dem Weg von Petrograd nach Moskau war die Expedition damit beschäftigt, Ordnung zu schaffen. Wie bereits erwähnt, bestand der Wagen aus sechs Abteilen, von denen zwei in ein Esszimmer und eine Küche umgewandelt wurden. Sie waren zwar klein, aber wir schafften es, aus einem davon ein ansehnliches Esszimmer zu machen, und die Küche hätte uns wohl so manche Haushälterin beneiden lassen. Ein großer russischer Samowar und alle notwendigen Töpfe und Kessel aus Kupfer und Zink waren vorhanden und machten einen sehr wirkungsvollen Eindruck. Besonders stolz waren wir auf die dekorativen Vorhänge an unseren Wagenfenstern. Die anderen Abteile wurden als Büro und Schlafräume genutzt. Ich teilte meins mit unserer Sekretärin, Miss AT Shakol.

Außer Alexander Berkman, der vom Museum zum Vorsitzenden und Generaldirektor ernannt wurde, Shakol als Sekretär und mir als Schatzmeister und Haushälter bestand die Expedition aus drei weiteren Mitgliedern, darunter einem jungen Kommunisten, einem Studenten der Petrograder Universität. Unterwegs entwarfen wir unseren Arbeitsplan, wobei jedem Mitglied der Expedition ein bestimmter Zweig zugewiesen wurde. Ich sollte Daten in den Ministerien für Bildung und Gesundheit, den Ämtern für soziale Wohlfahrt und Arbeitsverteilung sowie in der Organisation der Arbeiter- und Bauerninspektion sammeln. Nach der Tagesarbeit sollten sich alle Mitglieder im Auto treffen, um das während des Tages gesammelte Material zu prüfen und zu klassifizieren.

Unser erster Halt war Kursk. Dort wurde nichts Wichtiges gesammelt, außer einem Paar *Kandai* [Eisenhandschellen], die ein Revolutionär in Schlüsselburg getragen hatte. Es wurde uns von einem zufälligen Passanten gespendet, der die Aufschrift „Außerordentliche Kommission des Museums der Revolution" auf unserem Auto bemerkte, Interesse weckte und uns einen Besuch abstattete. Er erwies sich als Intellektueller, als Tolstoianer, als Leiter einer Kinderkolonie. Es gelang ihm, diese zu erhalten, indem er der Sowjetregierung eine gewisse Menge an Arbeit gab, die von ihm verlangt wurde: Drei Tage pro Woche unterrichtete er in den sowjetischen Schulen von Kursk. Den Rest seiner Zeit widmete er seiner kleinen Kolonie oder der „Kinderkommune", wie er sie liebevoll nannte. Mit Hilfe der Kinder und einiger Erwachsener bauten sie das Gemüse an, das für den Unterhalt der Kolonie notwendig war, und führten alle Reparaturen des Ortes durch. Er erklärte, dass er nicht direkt von der Regierung behindert worden sei, seine Arbeit jedoch durch die Diskriminierung als Pazifist und Tolstoianer erheblich behindert worden sei. Er befürchtete, dass sein Platz deshalb nicht mehr lange bestehen würde. In Kursk gab es damals keinerlei Handel, und man war für die Versorgung auf die örtlichen Behörden angewiesen. Doch es kam zu Diskriminierung und Feindseligkeit gegenüber unabhängiger Initiative und Anstrengung. Der Tolstoianer war jedoch entschlossen, geistig gesehen für das Überleben seiner Kolonie zu kämpfen. Er plante, ins Zentrum zu gehen, nach Moskau, wo er hoffte, Unterstützung für seine Kommune zu erhalten.

Die Persönlichkeit des Mannes, sein Eifer, sich nützlich zu machen, stimmten nicht mit den Informationen überein, die ich von Kommunisten über die *Intelligenzia erhalten hatte* , ihre Gleichgültigkeit und ihren Unwillen, dem revolutionären Russland zu helfen. Ich sprach das Thema mit unserem Besucher an. Er konnte nur von den Männern und Frauen mit akademischem Hintergrund in Kursk, seiner Heimatstadt, sprechen, aber er versicherte uns, dass er die meisten von ihnen, insbesondere die Lehrer, als kooperationsbereit und sogar aufopferungsvoll erlebt habe. Aber sie waren die am meisten vernachlässigte Klasse und lebten die ganze Zeit am Hungertod. Wie er selbst waren sie allgemeiner Feindseligkeit ausgesetzt, sogar von Seiten der Kinder, deren Gemüter durch die Agitation gegen die *Intelligenzia vergiftet worden waren* .

Kursk ist ein großes Industriezentrum und ich war am Schicksal der Arbeiter dort interessiert. Von unserem Besucher erfuhren wir, dass es wiederholt zu Zusammenstößen zwischen den Arbeitern und den sowjetischen Behörden gekommen war. Kurz vor unserer Ankunft war ein Streik ausgebrochen und Soldaten wurden geschickt, um ihn niederzuschlagen. Es folgten die üblichen Verhaftungen und viele Arbeiter befanden sich noch in der Tscheka. Dieser Zustand, so dachte der Tolstoianer, war eher auf die allgemeine Inkompetenz der Kommunisten als auf andere Ursachen zurückzuführen. Menschen wurden nicht aufgrund ihrer Eignung, sondern aufgrund ihrer Parteimitgliedschaft in verantwortungsvolle Positionen gebracht. Politische Nützlichkeit stand an erster Stelle und führte natürlich zu allgemeinem Machtmissbrauch und Verwirrung. Das kommunistische Dogma, dass der Zweck alle Mittel heiligt, richtete ebenfalls großen Schaden an. Es hatte den schlimmsten menschlichen Leidenschaften Tür und Tor geöffnet und die Ideale der Revolution diskreditiert. Der Tolstoianer sprach traurig, wie man von einer gehegten und geliebten und verlorenen Hoffnung spricht.

Am nächsten Morgen schenkte unser Besucher unserer Sammlung das *Kandali,* das er viele Jahre lang im Gefängnis getragen hatte. Er hoffte, dass wir über Kursk zurückkehren würden, um einige Tolstoi-Kommunen in der Umgebung der Stadt zu besuchen. Unweit von Jasnaja Poljana lebte ein alter Freund Tolstois, erzählte er uns. Er besaß viel wertvolles Material, das er dem Museum zur Verfügung stellen konnte. Unser Besucher blieb bis zu unserer Abreise; er sehnte sich nach geistiger Gesellschaft und wollte uns nur ungern gehen sehen.

KAPITEL XIX
IN CHARKOW

Als ich in Charkow ankam, besuchte ich die anarchistische Buchhandlung, deren Adresse ich mir in Moskau besorgt hatte. Dort traf ich viele Freunde wieder, die ich in Amerika gekannt hatte. Unter ihnen waren Joseph und Leah Goodman, die früher aus Detroit stammten; Fanny Baron aus Chicago und Sam Fleshin, der 1917 im Mother Earth-Büro in New York gearbeitet hatte, bevor er nach Russland ging. Mit Tausenden anderer Exilanten waren sie alle bei den ersten Nachrichten über die Revolution in ihr Heimatland geeilt und seither mittendrin im Geschehen. Sie würden mir viel zu erzählen haben, dachte ich; sie könnten mir vielleicht helfen, einige der Probleme zu lösen, die mich verwirrten.

Charkow lag mehrere Kilometer vom Bahnhof entfernt, und es wäre daher unpraktisch gewesen, während unseres Aufenthalts in der Stadt weiterhin im Auto zu wohnen. Die Museumsausweise hätten uns eine Unterkunft gesichert, aber mehrere Mitglieder der Expedition zogen es vor, bei ihren amerikanischen Freunden zu bleiben. Mit Hilfe eines unserer Kameraden, der Kommandant eines Wohnhauses war, konnte ich mir ein Zimmer sichern.

In Moskau war es ziemlich warm gewesen, aber Charkow erwies sich als wahrer Glutofen und erinnerte mich an New York im Juli. Die Sanitäranlagen waren vernachlässigt oder zerstört, und das Wasser musste von einem mehrere Blocks entfernten Ort drei Treppen hoch getragen werden. Trotzdem war es angenehm, ein eigenes Zimmer zu haben.

Die Stadt war lebendig. Die Straßen waren voller Menschen und sie sahen besser ernährt und gekleidet aus als die Bevölkerung von Petrograd und Moskau. Die Frauen waren hübscher als in Nordrussland, die Männer von feinerem Typ. Es war ziemlich seltsam, schöne Frauen, die tagsüber Abendkleider trugen, barfuß oder in Holzsandalen ohne Strümpfe herumlaufen zu sehen. Die bunten Kopftücher, die die meisten von ihnen trugen, verliehen den Straßen Leben und Farbe und gaben ihnen ein fröhliches Aussehen, das einen angenehmen Kontrast zu den Grautönen von Petrograd bildete.

Mein erster offizieller Besuch galt dem Bildungsministerium. Ich fand eine lange Schlange von Leuten vor, die auf Einlass warteten, aber die Museumsausweise öffneten sofort die Türen, und der Vorsitzende empfing mich äußerst herzlich. Er hörte aufmerksam meiner Erklärung der Ziele der Expedition zu und versprach mir, mir Gelegenheit zu geben, alles in seinem Ministerium verfügbare Material zu sammeln, einschließlich der neu erstellten Diagramme seiner Arbeit. Auf dem Schreibtisch des Vorsitzenden bemerkte ich eine Kopie eines solchen Diagramms, das wie ein futuristisches Bild aussah, ganz mit roten, blauen und violetten Linien und Punkten überzogen. Als der Vorsitzende meinen verwirrten Gesichtsausdruck bemerkte, erklärte er, dass das Rot die verschiedenen Phasen des Bildungssystems bezeichnete, während die anderen Farben Literatur, Theater, Musik und bildende Künste repräsentierten. Jedes Ministerium war in Büros unterteilt, die jeden Zweig der Bildungs- und Kulturarbeit der Sozialistischen Republik umfassten.

Bezüglich des Bildungssystems erklärte der Vorsitzende, dass die Kinder im Alter von drei bis acht Jahren den Kindergarten oder das Kinderheim besuchten. Kriegswaisen aus dem Süden, Kinder von Rotarmisten und Proletariern im Allgemeinen wurden bevorzugt. Wenn freie Plätze blieben, wurden auch Kinder der Bourgeoisie aufgenommen. Im Alter von acht bis dreizehn Jahren besuchten die Kinder die Mittelschulen, wo sie eine Grundschulbildung erhielten, die ihnen die allgemeine Vorstellung von der politischen und wirtschaftlichen Struktur der RSFSR vermittelte. Moderne Unterrichtsmethoden mit technischen Geräten, soweit diese sichergestellt werden konnten, wurden eingeführt. Die Kinder wurden in Produktionsprozessen sowie in Naturwissenschaften unterrichtet. Die Zeit zwischen zwölf und siebzehn Jahren umfasste eine Berufsausbildung. Es gab auch höhere Bildungseinrichtungen für junge Leute, die besondere Fähigkeiten und Neigungen zeigten. Außerdem wurden Sommerschulen und Kolonien eingerichtet, in denen der Unterricht im Freien stattfand. Alle Kinder der Sowjetrepublik wurden auf Kosten der Regierung verpflegt, gekleidet und untergebracht. Das Bildungssystem umfasste auch Arbeiterhochschulen und Abendkurse für Erwachsene beiderlei Geschlechts. Auch hier wurde den Schülern alles kostenlos zur Verfügung gestellt, sogar Sonderrationen. Für weitere Einzelheiten verwies mich der Vorsitzende auf die Literatur seiner Abteilung und riet mir, den Plan in Aktion zu studieren. Die Bildungsarbeit wurde durch die Blockade und die konterrevolutionären Versuche stark behindert; sonst würde Russland der Welt zeigen, was die Sozialistische Republik in Sachen Volksaufklärung leisten konnte. Es fehlte sogar an den grundlegendsten Notwendigkeiten wie Papier, Bleistiften und Büchern. Im Winter mussten die meisten Schulen wegen Brennstoffmangels geschlossen werden. Die Grausamkeit und Niedertracht der Blockade war nirgends so offensichtlich und schreiend wie in ihrer Auswirkung auf die Kranken und Kinder. „Es ist das schwärzeste Verbrechen des Jahrhunderts", schloss der Vorsitzende. Es wurde vereinbart, dass ich innerhalb einer Woche zurückkomme, um das Material für unsere Sammlung abzuholen. Auch in der Sozialabteilung fand ich einen sehr kompetenten Leiter. Er interessierte sich sehr für die Arbeit der Expedition und versprach, das notwendige Material für uns zu sammeln, obwohl er nicht viel bieten konnte, da seine Abteilung erst vor kurzem gegründet worden war. Seine Aufgabe bestand darin, sich um behinderte und kranke Proletarier und arbeitsunfähige ältere Menschen zu kümmern. Sie erhielten bestimmte Rationen an Nahrung und Kleidung; wenn sie beschäftigt waren, erhielten sie auch einen bestimmten Geldbetrag, etwa die Hälfte ihres Verdienstes. Außerdem stellte das Ministerium seinen Schützlingen Wohnquartiere und Speisesäle zur Verfügung.

Im Korridor, der zu den verschiedenen Büros des Ministeriums führte, standen Reihen ausgemergelter und verkrüppelter Gestalten, Männer und Frauen, die darauf warteten, dass sie an die Reihe kamen, Hilfe zu erhalten. Sie sahen aus wie Kriegsveteranen, die auf ihre armseligen Rationen warteten; sie erinnerten mich an die heruntergekommenen Arbeitslosen, die in den Unterkünften der Heilsarmee in Amerika Schlange standen. Eine Frau im Besonderen erregte meine Aufmerksamkeit. Sie war wütend und aufgeregt und beschwerte sich lautstark. Ihr Mann war seit zwei Tagen tot und sie versuchte, eine Genehmigung für einen Sarg zu bekommen. Sie stand seitdem in der Schlange, konnte aber keine Ordnung herstellen. „Was soll ich tun?", jammerte sie; „Ich kann ihn nicht auf meinem Rücken tragen oder ihn ohne Sarg begraben, und ich kann ihn bei dieser Hitze nicht mehr viel länger in meinem Zimmer behalten." Die Klage der Frau blieb unbeantwortet, denn jeder war mit seinen eigenen Problemen beschäftigt. Kranke und behinderte Arbeiter werden überall auf den Schrotthaufen geworfen – dachte ich –, aber in Russland wird versucht, solche Grausamkeiten zu verhindern. Doch nach dem, was ich in Charkow sah, hatte ich den Eindruck, dass nicht viel erreicht wurde. Diese lange Warteschlange war ein äußerst deprimierendes Bild. Ich hatte das Gefühl, als wäre das Ganze noch schlimmer geworden.

Ich besuchte ein Haus, in dem soziale Obdachlose lebten. Es war einigermaßen gut in Schuss, atmete aber den Geist eines kalten Institutionalismus. Natürlich war es besser, als auf der Straße zu schlafen oder die ganze Nacht in den Hauseingängen zu liegen, wie es Kranke und Arme in kapitalistischen Ländern, beispielsweise in Amerika, oft tun müssen. Trotzdem schien es unpassend, dass man sich in Sowjetrussland nichts Fröhlicheres und Einladenderes für diejenigen ausdenken konnte, die ihre Gesundheit geopfert und ihre Arbeit dem Gemeinwohl gewidmet hatten. Aber anscheinend war es das Beste, was das Sozialamt angesichts der gegenwärtigen Lage Russlands tun konnte.

Am Abend besuchten uns unsere amerikanischen Freunde. Jeder von ihnen hatte eine reiche Erfahrung des Kampfes, Leidens und der Verfolgung, und ich war überrascht zu erfahren, dass die meisten von ihnen ebenfalls von den Bolschewisten eingesperrt worden waren. Sie hatten für ihre Ideen viel ertragen und waren von jeder Regierung der Ukraine gejagt worden, da es in einigen Teilen des Südens während der letzten zwei Jahre vierzehn politische

Veränderungen gegeben hatte. Die Kommunisten waren nicht anders: Sie verfolgten auch die Anarchisten sowie andere Revolutionäre der Linken. Dennoch setzten die Anarchisten ihre Arbeit fort. Ihr Glaube an die Revolution war trotz allem, was sie erduldeten, und selbst angesichts der schlimmsten Reaktion wirklich erhaben. Sie stimmten zu, dass die Möglichkeiten der Massen während der ersten Monate nach der Oktoberrevolution sehr groß waren, äußerten jedoch die Meinung, dass die revolutionäre Entwicklung durch die lähmende Wirkung des kommunistischen Staates gehemmt und allmählich vollständig gelähmt worden sei. In der Ukraine, erklärten sie, sei die Situation anders als in Russland, weil die Bauern unter vergleichsweise besseren materiellen Bedingungen lebten. Sie besaßen außerdem eine größere Unabhängigkeit und einen ausgeprägteren rebellischen Geist. Aus diesen Gründen war es den Bolschewiki nicht gelungen, den Süden zu unterwerfen.

Unsere Besucher sprachen von Machno als einer heroischen, populären Figur und erzählten von seinen kühnen Heldentaten und den Legenden, die die Bauern um seine Persönlichkeit gesponnen hatten. Unter den Anarchisten herrschten jedoch erhebliche Meinungsverschiedenheiten über die Bedeutung der Machno-Bewegung. Einige betrachteten sie als Ausdruck des Anarchismus und glaubten, dass die Anarchisten ihr all ihre Energie widmen sollten. Andere vertraten die Ansicht, dass die *Povstantsi* den angeborenen rebellischen Geist der Bauern des Südens repräsentierten, dass ihre Bewegung jedoch kein Anarchismus sei, wenn auch anarchistisch angehaucht. Sie waren nicht dafür, sich auf diese Bewegung zu beschränken; sie glaubten, dass ihre Arbeit umfassender und universeller sein sollte. Einige unserer Freunde vertraten eine völlig andere Position und sprachen der Machno-Bewegung jegliche anarchistische Bedeutung ab.

Am meisten begeistert von Machno und betonte nachdrücklich den anarchistischen Wert dieser Bewegung war Joseph, bekannt als der „Emigrant" – der allerletzte Mann, von dem man erwartet hätte, dass er sich für eine militärische Organisation begeistern würde. Joseph war so sanft und sanft wie ein Mädchen. In Amerika hatte er auf ruhige und bescheidene Weise an der anarchistischen und Arbeiterbewegung teilgenommen, und nur sehr wenige kannten den wahren Wert des Mannes. Seit seiner Rückkehr nach Russland war er mitten im Kampf. Er hatte viel Zeit mit Machno verbracht und gelernt, ihn für seine revolutionäre Hingabe und seinen Mut zu lieben und zu bewundern. Joseph erzählte von einem interessanten Erlebnis bei seinem ersten Besuch bei dem Bauernführer. Als er ankam, kamen die *Powstantsi* aus irgendeinem Grund auf die Idee, er sei gekommen, um ihrem Häuptling zu schaden. Einer von Machnos engsten Freunden behauptete, Joseph sei als Jude auch ein Abgesandter der Bolschewisten, der ausgesandt worden war, Machno zu töten. Als er sah, wie sehr Machno an

Joseph hing, beschloss er, „den Juden" zu töten. Glücklicherweise warnte er zuerst seinen Anführer, woraufhin Machno seine Männer zusammenrief und sie etwa so ansprach: „Joseph ist ein Jude und ein Idealist; er ist ein Anarchist. Ich betrachte ihn als meinen Kameraden und Freund und werde jeden für seine Sicherheit verantwortlich machen." Von seiner Armee vergöttert, genügte Machnos Wort: Joseph wurde zum treuen Freund der *Povstantsi*. Sie glaubten an ihn, weil ihr *Batka* [Vater] Vertrauen in ihn hatte, und Joseph wurde ihnen im Gegenzug zutiefst ergeben. Jetzt bestand er darauf, dass er ins Rebellenlager zurückkehren müsse: Sie waren heldenhafte Menschen, einfach, mutig und der Sache der Freiheit ergeben. Er hatte vor, sich Machno wieder anzuschließen. Doch ich konnte mich nicht von dem Gefühl befreien, dass ich Joseph, wenn er zurückkehrte, nie wieder lebend sehen würde. Er kam mir vor wie eine dieser Figuren in Zolas „Germinal", die alles Lebende lieben und dennoch zum Wohle der streikenden Bergarbeiter auf Dynamit zurückgreifen können.

Ich äußerte gegenüber meinen Freunden die Ansicht, dass die Machno-Bewegung, so wichtig sie auch sein mochte, rein militärischer Natur war und daher nicht den anarchistischen Geist zum Ausdruck bringen konnte. Es tat mir leid, dass Joseph ins Machno-Lager zurückkehrte, denn seine Arbeit für die anarchistische Bewegung in Russland hätte von viel größerem Wert sein können. Aber er war entschlossen, und ich hatte das Gefühl, dass es Josephs Verzweiflung über die reaktionären Tendenzen der Bolschewiki war, die ihn, wie so viele andere seiner Kameraden, von den Kommunisten weg und in die Reihen Machnos trieb.

Während unseres Aufenthalts in Charkow besuchte ich auch die Arbeitsverteilungsabteilung, die nach der Militarisierung der Arbeit eingerichtet worden war. Den Bolschewiki zufolge war es damals notwendig, die Arbeiter aus den Dörfern zurückzuholen, in die sie aus den hungernden Städten geströmt waren. Sie mussten registriert und nach Berufen klassifiziert und an die Orte verteilt werden, wo ihre Dienste am dringendsten benötigt wurden. Bei der Durchführung dieses Plans wurden täglich viele Menschen auf den Straßen und auf dem Markt zusammengetrieben. Zusammen mit der großen Zahl derer, die als Spekulanten oder wegen des Besitzes von zaristischem Geld verhaftet wurden, wurden sie auf die Liste der Arbeitsverteilungsabteilung gesetzt. Einige wurden ins Donezbecken geschickt, während die Schwächeren in Konzentrationslager kamen. Die Kommunisten rechtfertigten dieses System und diese Methode damit, dass sie während einer revolutionären Periode notwendig seien, um die Industrie aufzubauen. Jeder müsse in Russland arbeiten, sagten sie, oder man werde zur Arbeit gezwungen. Sie behaupteten, die Industrieproduktion sei seit Einführung des Arbeitszwangs gestiegen.

Ich hatte Gelegenheit, diese Fragen mit vielen Kommunisten zu diskutieren, und ich bezweifelte die Wirksamkeit der neuen Politik.

Eines Abends kam eine Frau in mein Zimmer und stellte sich als ehemalige Wohnungseigentümerin vor. Da alle Häuser verstaatlicht worden waren, durfte sie drei Zimmer behalten, für den Rest ihrer Wohnung war das Hausbüro zuständig. Ihre Familie bestand aus acht Personen, darunter ihre Eltern und eine verheiratete Tochter mit ihrer Familie. Es war fast unmöglich, alle in drei Zimmer zu drängen, besonders angesichts der schrecklichen Hitze des Charkower Sommers; aber irgendwie hatten sie es geschafft. Doch zwei Wochen vor unserer Ankunft in Charkow besuchte Sinowjew die Stadt. Bei einer öffentlichen Versammlung erklärte er, die Bourgeoisie der Stadt sähe zu gut ernährt und gekleidet aus. „Das beweist", sagte er, „dass die Genossen und besonders die Tscheka ihre Pflicht vernachlässigen." Kaum war Sinowjew abgereist, begannen Massenverhaftungen und nächtliche Razzien. Beschlagnahmungen waren an der Tagesordnung. Auch ihre Wohnung, erzählte die Frau, sei durchsucht und die meisten ihrer Habseligkeiten mitgenommen worden. Am schlimmsten war jedoch, dass die Tscheka ihr befahl, eines der Zimmer zu räumen, und nun war die ganze Familie in zwei kleinen Zimmern zusammengepfercht. Sie war sehr besorgt, dass ein Mitglied der Tscheka oder ein Rotarmist das freie Zimmer belegen könnte. „Wir waren sehr erleichtert", sagte sie, „als wir erfuhren, dass jemand aus Amerika dieses Zimmer belegen würde. Wir wünschten, Sie würden noch lange hier bleiben."

Bis dahin hatte ich keinen persönlichen Kontakt mit den Mitgliedern der enteigneten Bourgeoisie, die tatsächlich unter der Revolution zu leiden hatten. Die wenigen Mittelklassefamilien, die ich kennengelernt hatte, lebten gut, was mich überraschte. So lebte in Petrograd ein gewisser Chemiker, den ich in Schatows Haus kennengelernt hatte, sehr kostspielig. Die sowjetischen Behörden erlaubten ihm, seine Fabrik zu betreiben, und er lieferte der Regierung Chemikalien zu einem Preis, der viel niedriger war, als die Regierung sie herstellen konnte. Er zahlte seinen Arbeitern vergleichsweise hohe Löhne und versorgte sie mit Verpflegung. Bei einer bestimmten Gelegenheit wurde ich von der Familie des Chemikers zum Abendessen eingeladen. Ich fand sie in einem luxuriösen Apartment mit vielen wertvollen Gegenständen und Kunstschätzen. Meine Gastgeberin, die Frau des Chemikers, trug ein teures Kleid und eine kostbare Halskette. Das Abendessen bestand aus mehreren Gängen und wurde auf extravagante Weise mit exquisiter Damastwäsche in Hülle und Fülle serviert. Es muss mehrere hunderttausend Rubel gekostet haben, was 1920 in Russland ein kleines Vermögen war. Das Erstaunliche für mich war, dass fast jeder in Petrograd den Chemiker kannte und mit seiner Lebensweise vertraut war.

Aber man teilte mir mit, dass er von der Sowjetregierung gebraucht wurde und dass er deshalb leben durfte, wie es ihm gefiel. Einmal drückte ich ihm gegenüber meine Überraschung darüber aus, dass die Bolschewiki sein Vermögen nicht konfisziert hatten. Er versicherte mir, dass er nicht der einzige aus der Bourgeoisie sei, der seinen früheren Zustand beibehalten habe. „Die Bourgeoisie ist keineswegs tot", sagte er; „sie wurde sozusagen nur eine Zeit lang für die schmerzhafte Operation unter Chloroform gesetzt. Aber sie erholt sich bereits von der Wirkung des Narkosemittels und wird sich bald vollständig erholt haben. Sie braucht nur noch ein wenig Zeit." Die Frau, die mich im Charkower Zimmer besuchte, hatte es nicht so gut überstanden wie der Petrograder Chemiker. Sie war Teil der Trümmer, die der revolutionäre Sturm hinterlassen hatte, der über Russland hinweggefegt war.

Während meines Aufenthalts in der ukrainischen Hauptstadt traf ich einige interessante Leute aus der freien Gesellschaft, darunter einen Ingenieur, der gerade aus dem Donezbecken zurückgekehrt war, und eine Frau, die in einem sowjetischen Büro arbeitete. Beide waren kultivierte Menschen und sehr auf das Schicksal Russlands bedacht. Wir sprachen über den Besuch Sinowjews. Sie bestätigten die Geschichte, die ich zuvor erzählt hatte. Sinowjew hatte seinen Kameraden ihre Nachlässigkeit gegenüber der Bourgeoisie vorgeworfen und sie dafür kritisiert, dass sie den Handel nicht unterbunden hatten. Unmittelbar nach Sinowjews Abreise begann die Tscheka mit wahllosen Razzien, bei denen die Mitglieder der Bourgeoisie fast ihre letzten Besitztümer verloren. Das Tragischste daran war laut dem Ingenieur, dass die Arbeiter von diesen Razzien keinen Nutzen hatten. Niemand wusste, was aus den konfiszierten Dingen wurde – sie verschwanden einfach. Sowohl der Ingenieur als auch die sowjetische Angestellte sprachen mit großer Besorgnis über den allgemeinen Zerfall der Ideen. Die Russen glaubten einst, sagte die Frau, dass Hütten und Paläste gleichermaßen falsch seien und abgeschafft werden sollten. Es kam ihnen nie in den Sinn, dass der Zweck einer Revolution lediglich darin besteht, eine Umverteilung von Besitztümern herbeizuführen – die Reichen in die Hütten und die Armen in die Paläste zu stecken. Es stimmte nicht, dass die Arbeiter in die Paläste gelangt waren. Man hatte ihnen nur weisgemacht, dass dies die Funktion einer Revolution sei. In Wirklichkeit blieben die Massen dort, wo sie vorher gewesen waren. Aber jetzt waren sie nicht allein dort: Sie befanden sich in der Gesellschaft der Klassen, die sie zerstören wollten.

Der Bauingenieur war von der Sowjetregierung ins Donezbecken geschickt worden, um dort Wohnungen für die Arbeiter zu bauen, und ich war froh über die Gelegenheit, von ihm etwas über die Bedingungen dort zu erfahren. Die kommunistische Presse veröffentlichte glühende Berichte über die intensive Kohleproduktion im Becken, und offizielle Berechnungen behaupteten, das Land werde für den nahenden Winter mit ausreichend Kohle versorgt werden. In Wirklichkeit seien die Donezminen in einem höchst beklagenswerten Zustand, teilte mir der Ingenieur mit. Die Bergleute würden wie Vieh zusammengetrieben. Sie erhielten furchtbare Rationen, waren fast barfuß und mussten bis zu den Knöcheln im Wasser stehen und arbeiten. Infolge dieser Bedingungen wurde sehr wenig Kohle produziert. „Ich gehörte zu einem Komitee, das die Situation untersuchen und unsere Ergebnisse melden sollte", sagte der Ingenieur. "Unser Bericht ist alles andere als günstig. Wir wissen, dass es gefährlich ist, die Fakten so wiederzugeben, wie wir sie vorgefunden haben: Das könnte uns in die Tscheka bringen. Aber wir haben beschlossen, dass Moskau den Tatsachen ins Auge sehen muss. Das System der politischen Kommissare, die allgemeine Ineffizienz der Bolschewiki und die lähmende Wirkung des Staatsapparats haben unsere konstruktive Arbeit im Becken fast unmöglich gemacht. Es war ein kläglicher Misserfolg."

Könnte ein solcher Zustand in einer revolutionären Periode und in einem industriell so wenig entwickelten Land wie Russland vermieden werden?, fragte ich. Die Revolution wurde von der Bourgeoisie von innen und außen angegriffen; es bestand ein zwingender Verteidigungsbedarf und es blieben keine Energien für konstruktive Arbeit. Der Ingenieur verachtete meinen Standpunkt. Die russische Bourgeoisie sei schwach und könne praktisch keinen Widerstand leisten, behauptete er. Sie sei zahlenmäßig unbedeutend und leide unter einem schlechten Gewissen. Es gebe weder Notwendigkeit noch Rechtfertigung für bolschewistischen Terrorismus und es sei vor allem letzterer, der die konstruktiven Bemühungen lähmte. Intellektuelle der Mittelschicht waren viele Jahre lang in den liberalen und revolutionären Bewegungen Russlands aktiv gewesen, und so waren die Mitglieder der Bourgeoisie den Massen näher gekommen. Als der große Tag kam, zog es die Bourgeoisie, überrascht, vor, aufzugeben, anstatt zu kämpfen. Sie war von der Revolution mehr als jede andere Klasse in Russland betäubt. Sie war völlig unvorbereitet und hat sich bis heute nicht orientiert. Es stimmte nicht, wie die Bolschewiki behaupteten, dass die russische Bourgeoisie eine aktive Bedrohung für die Revolution darstellte.

Man hatte mir geraten, die Leiterin der Abteilung für Arbeiter- und Bauerninspektion aufzusuchen. Diese Position wurde von einer Frau bekleidet, einer ehemaligen Offizierin der Tscheka, die als sehr streng, ja grausam, aber effizient galt. Sie könne mir viel wertvolles Material liefern, sagte man mir, und mir Zugang zu den Gefängnissen und

Konzentrationslagern gewähren. Als ich die Büros der Arbeiter- und Bauerninspektion besuchte, fand ich die verantwortliche Dame zunächst überhaupt nicht freundlich. Sie ignorierte meine Referenzen, anscheinend nicht beeindruckt von Sinowjews Unterschrift. Bald trat ein Mann aus einem inneren Büro. Es stellte sich heraus, dass es sich um Dibenko handelte, einen hohen Offizier der Roten Armee, und er teilte mir mit, dass er von Alexandra Kollontay, die er als seine Frau bezeichnete, von mir gehört hatte. Er versprach, dass ich alles verfügbare Material besorgen sollte, und bat mich, später am Tag wiederzukommen. Als ich erneut vorsprach, fand ich die Dame viel liebenswürdiger und bereitwilliger, mir Informationen über die Aktivitäten ihrer Abteilung zu geben. Es schien, dass diese gegründet worden war, um die wachsende Sabotage und Korruption zu bekämpfen. Es war Teil der Aufgaben der Tscheka, aber es wurde für notwendig befunden, eine neue Abteilung zur Inspektion und Korrektur von Missständen zu schaffen. „Es ist das Tribunal, an das Fälle weitergeleitet werden können“, sagte die Frau. „Im Moment untersuchen wir beispielsweise Beschwerden von Gefangenen, die zu Unrecht verurteilt wurden oder zu überhöhten Strafen verurteilt wurden.“ Sie versprach, uns die Erlaubnis zur Inspektion der Strafanstalten zu verschaffen, und einige Tage später erhielten mehrere Mitglieder der Expedition die Gelegenheit dazu.

Zuerst besuchten wir das Hauptkonzentrationslager von Charkow. Wir fanden eine Anzahl Häftlinge, die im Hof arbeiteten und einen neuen Abwasserkanal gruben. Das war sicherlich nötig, denn der ganze Ort war erfüllt von widerwärtigen Gerüchen. Das Gefängnisgebäude war in mehrere Räume aufgeteilt, die alle überfüllt waren. Einer der Abteile wurde „Spekulantenwohnung“ genannt, obwohl fast alle Insassen dagegen protestierten, so eingestuft zu werden. Sie sahen arm und ausgehungert aus, und jeder von ihnen wollte uns unbedingt seine Leidensgeschichte erzählen, offenbar in dem Glauben, wir seien offizielle Ermittler. In einem der Korridore fanden wir mehrere Kommunisten, denen Sabotage vorgeworfen wurde. Offensichtlich machte die Sowjetregierung gegenüber ihrem eigenen Volk keine Vorrechte.

Im Lager befanden sich weiße Offiziere, die an der polnischen Front gefangen genommen worden waren, und Dutzende von Bauern und Bäuerinnen, die unter verschiedenen Vorwürfen festgehalten wurden. Sie boten einen erbärmlichen Anblick, wie sie dort auf dem Boden saßen, weil es keine Bänke gab, ein jämmerliches Völkchen, verwirrt und unfähig, die Verkettung der Ereignisse zu begreifen, die sie ins Netz gebracht hatte.

Mehr als tausend arbeitsfähige Männer waren in dem Konzentrationslager eingesperrt, die der Gemeinschaft keinen Nutzen brachten und zahlreiche Beamte zu ihrer Bewachung und Betreuung benötigten. Dabei brauchte

Russland dringend Arbeitskraft. Es schien mir eine unpraktische Verschwendung zu sein.

Später besuchten wir das Gefängnis. Vor den Toren gestikulierte und schrie ein wütender Mob. Ich erfuhr, dass die Gefängnisleitung die wöchentlichen Pakete, die die Angehörigen der Insassen an diesem Morgen mitbrachten, nicht angenommen hatte. Einige der Insassen waren meilenweit angereist und hatten ihren letzten Rubel für Lebensmittel für ihre verhafteten Männer und Brüder ausgegeben. Sie waren außer sich. Unsere Begleiterin, die Leiterin des Büros, versprach, der Sache nachzugehen. Wir machten unsere Runde durch das große Gefängnis – ein deprimierender Anblick menschlichen Elends und der Verzweiflung. In der Einzelhaft saßen die zum Tode Verurteilten. Tagelang verfolgte mich ihr Blick – ihre Augen voller Angst angesichts der quälenden Ungewissheit, aus Angst, jeden Moment in den Tod gerufen zu werden.

Unsere Freunde aus Charkow hatten uns gebeten, eine bestimmte junge Frau im Gefängnis zu finden. Wir versuchten, keine Aufmerksamkeit zu erregen und suchten sie mit unseren Augen in verschiedenen Teilen der Anstalt, bis wir jemanden sahen, auf den ihre Beschreibung zutraf. Sie war eine Anarchistin, die als politische Gefangene festgehalten wurde. Die Haftbedingungen seien schlecht, erzählte sie uns. Es habe eines langwierigen Hungerstreiks bedurft, um die Behörden zu zwingen, die politischen Gefangenen anständiger zu behandeln und die Türen der zum Tode Verurteilten tagsüber offen zu halten, damit sie von den anderen Gefangenen ein wenig Aufmunterung und Trost erfahren könnten. Sie erzählte von vielen zu Unrecht Verhafteten und zeigte auf eine alte, dumm aussehende Bäuerin, die als Machno-Spionin in Einzelhaft gefangen gehalten wurde, eine Anschuldigung, die offensichtlich auf einem Missverständnis beruhte.

Das Gefängnisregime war sehr streng. Unter anderem war es den Gefangenen verboten, an die Fenster zu klettern oder in den Hof zu schauen. Man erzählte uns die Geschichte eines Gefangenen, der erschossen wurde, weil er diese Regel einmal missachtet hatte. Er hatte unten auf der Straße Lärm gehört und war neugierig, was los war. Er kletterte auf das Fensterbrett seiner Zelle. Der Wachposten im Hof warnte nicht. Er schoss und verwundete den Mann schwer. Viele ähnliche Geschichten über Härte und Misshandlungen hörten wir von den Gefangenen. Auf dem Weg in die Stadt drückte ich meine Überraschung über die Bedingungen aus, die in den Gefängnissen geduldet wurden. Ich bemerkte gegenüber unserem Führer, dass es einen schweren Skandal verursachen würde, wenn die westliche Welt erfahren würde, unter welchen Bedingungen Gefangene im sozialistischen Russland leben und wie sie behandelt werden. Nichts könne eine solche Brutalität rechtfertigen, dachte ich. Aber die Vorsitzende der Arbeiter- und Bauerninspektion blieb ungerührt. „Wir leben in einer revolutionären Zeit“, antwortete sie; „diese Dinge lassen sich nicht ändern." Aber sie versprach, einige Fälle extremer Ungerechtigkeit zu untersuchen, auf die wir sie hingewiesen hatten. Ich war nicht davon überzeugt, dass die Revolution für die bestehenden Übel verantwortlich war. Wenn die Revolution tatsächlich so viel Brutalität und Verbrechen unterstützen musste, was war dann letztlich der Zweck der Revolution?

Am Ende unserer ersten Woche in Charkow kehrte ich zum Bildungsministerium zurück, wo man mir Material versprochen hatte. Zu meiner Überraschung stellte ich fest, dass nichts vorbereitet worden war. Man teilte mir mit, dass der Vorsitzende abwesend sei, und versicherte mir erneut, dass die versprochenen Daten vor unserer Abreise gesammelt und bereit sein würden. Dann wurde ich an den Leiter einer bestimmten experimentellen Schulabteilung verwiesen. Der Vorsitzende hatte mir erzählt, dass einige interessante Bildungsmethoden entwickelt würden, aber ich fand den Leiter unintelligent und langweilig. Er konnte mir nichts über die neuen Methoden sagen, war aber bereit, einen der Lehrer zu rufen, um mir alles zu erklären. Ein Bote wurde losgeschickt, aber er kam bald mit der Nachricht zurück, dass der Lehrer damit beschäftigt sei, seiner Klasse etwas vorzuführen, und deshalb nicht kommen könne. Der Leiter geriet in Rage. „Er muss kommen", rief er; „die Bourgeoisie sabotiert wie die andere verdammte *Intelligenzia*. Sie sollten alle erschossen werden. Wir kommen sehr gut ohne sie aus." Er gehörte zu der Sorte engstirniger, fanatischer und verfolgungsscheuer Kommunisten, die der Revolution mehr Schaden zufügten als jeder Konterrevolutionär.

Während unseres Aufenthalts in Charkow hatten wir auch Zeit, einige Fabriken zu besuchen. In einer Pflugfabrik fanden wir einen großen Dachboden, auf dem die fertigen Produkte gelagert waren. Ich war überrascht, dass die Pflüge in der Fabrik aufbewahrt wurden, statt auf den Bauernhöfen praktisch eingesetzt zu werden. „Wir warten auf Bestellungen aus Moskau", erklärte der Manager. „Es handelte sich um eine Eilbestellung, und man drohte uns mit Verhaftung wegen Sabotage, falls die Pflüge nicht innerhalb von sechs Wochen versandfertig sein sollten. Das war vor sechs Monaten, und wie Sie sehen, sind die Pflüge noch hier. Die Bauern brauchen sie dringend, und wir brauchen ihr Brot. Aber wir können sie nicht umtauschen. Wir müssen auf Bestellungen aus Moskau warten."

Ich erinnerte mich an eine Bemerkung Sinowjews, als er bei unserem ersten Treffen erklärte, dass es in Petrograd an Brennstoff mangele, obwohl es weniger als hundert Werst von der Stadt entfernt genug gäbe, um fast das halbe Land zu versorgen. Bei dieser Gelegenheit schlug ich vor, die Arbeiter Petrograds aufzufordern, den Brennstoff in die Stadt zu bringen. Sinowjew hielt das für sehr naiv. „Wenn wir so etwas in Petrograd zulassen würden", sagte er, „würde die gleiche Forderung auch in anderen Städten gestellt werden. Es würde eine kommunale Konkurrenz schaffen, die eine bürgerliche Institution ist. Es würde unseren Plan der Verstaatlichung und Zentralisierung behindern." Das war das vorherrschende Prinzip, und infolgedessen fehlte den Arbeitern in Charkow das Brot, bis Moskau den Befehl gab, den Bauern Pflüge zu schicken. Die Vorherrschaft des Staates war der Eckpfeiler des Marxismus.

Einige Tage vor meiner Abreise aus Charkow besuchte ich noch einmal das Bildungsamt, konnte dessen Vorsitzenden jedoch erneut nicht finden. Zu meiner Bestürzung wurde mir mitgeteilt, dass ich kein Material erhalten würde, da entschieden worden sei, dass die Ukraine ein eigenes Museum bekommen solle, und der Vorsitzende nach Kiew gereist sei, um es zu organisieren. Ich war empört über die erbärmliche Täuschung, die uns ein Mann in hoher kommunistischer Position vortrug. Sicherlich hatte die Ukraine das Recht auf ein eigenes Museum, aber warum dieser kleinliche Betrug, durch den die Expedition so viel wertvolle Zeit verlor?

Die Fortsetzung dieses Vorfalls ereignete sich einige Tage später, als wir von der hastigen Ankunft unseres Sekretärs überrascht wurden, der uns mitteilte, dass wir Charkow sofort und so leise wie möglich verlassen müssten, da das örtliche Exekutivkomitee der Partei beschlossen hatte, uns die Mitnahme von statistischem Material aus der Ukraine zu untersagen. Daher beeilten wir uns, abzureisen, um zu retten, was wir bereits gesammelt hatten. Wir wussten, dass das Material verloren gehen würde, wenn es in Charkow bliebe, und dass der Plan eines unabhängigen ukrainischen Museums viele Jahre lang nur auf dem Papier bleiben würde.

Vor unserer Abreise trafen wir Vorkehrungen für eine letzte Besprechung mit unseren einheimischen Freunden. Wir hatten das Gefühl, dass wir sie vielleicht nie wiedersehen würden. Bei dieser Gelegenheit wurde die Arbeit der „Nabat"-Föderation im Detail besprochen. Diese allgemeine anarchistische Organisation des Südens war aufgrund der Erfahrungen der russischen Anarchisten und der Überzeugung gegründet worden, dass ein einheitliches Gremium notwendig sei, um ihre Arbeit wirksamer zu machen. Sie wollten nicht nur sterben, sondern für die Revolution leben. Es schien, dass die Anarchisten Russlands in mehrere Fraktionen gespalten waren, von denen die meisten zahlenmäßig klein waren und kaum praktischen Einfluss auf den Verlauf der Ereignisse in Russland hatten. Sie waren nicht in der Lage gewesen, sich dauerhaft in den Reihen der Arbeiter zu etablieren. Daher wurde beschlossen, alle anarchistischen Elemente der Ukraine in einer Föderation zu vereinen und so in der Lage zu sein, eine geschlossene Front im Kampf nicht nur gegen Invasion und Konterrevolution, sondern auch gegen kommunistische Verfolgung zu bilden.

Durch vereinte Anstrengungen gelang es dem „Nabat", den größten Teil des Südens abzudecken und in engem Kontakt mit dem Leben der Arbeiter und Bauern zu stehen. Die häufigen Regierungswechsel in der Ukraine zwangen die Anarchisten schließlich in die Deckung, da die unerbittliche Verfolgung durch die Bolschewisten ihre aktivsten Arbeiter aus ihren Reihen dezimiert hatte. Dennoch hatte die Föderation unter den Menschen Wurzeln geschlagen. Die kleine Gruppe war ständig in Gefahr, doch sie setzte ihre Aufklärungs- und Propagandaarbeit energisch fort.

Die Anarchisten aus Charkow hatten sich offensichtlich viel von unserer Anwesenheit in Russland versprochen. Sie hofften, dass Alexander Berkman und ich uns ihnen bei ihrer Arbeit anschließen würden. Wir waren bereits seit sieben Monaten in Russland, hatten uns aber noch nicht direkt an der anarchistischen Bewegung beteiligt. Ich konnte die Enttäuschung und Ungeduld unserer Kameraden spüren. Sie wollten unbedingt, dass wir die europäischen und amerikanischen Anarchisten zumindest über die Vorgänge in Russland informierten, insbesondere über die rücksichtslose Verfolgung der linken revolutionären Elemente. Ich konnte die Haltung meiner ukrainischen Freunde gut verstehen. Sie hatten in den letzten Jahren viel gelitten: Sie hatten gesehen, wie die großen Hoffnungen der Revolution zerstört wurden und Russland unter der Ferse des bolschewistischen Staates zusammenbrach. Doch ich konnte ihren Wünschen nicht nachkommen. Ich hatte immer noch Vertrauen in die Bolschewiki, in ihre revolutionäre Aufrichtigkeit und Integrität. Außerdem hatte ich das Gefühl, dass ich mich nicht kritisch äußern konnte, solange Russland von außen angegriffen wurde. Ich wollte kein Öl ins Feuer der Konterrevolution gießen. Deshalb musste ich schweigen und den Bolschewiki als organisierten Verteidigern der Revolution zur Seite stehen. Aber meine russischen Freunde verachteten diese Ansicht. Ich verwechsele die Kommunistische Partei mit der Revolution, sagten sie; sie seien nicht dasselbe; im Gegenteil, sie seien gegensätzlich, ja sogar antagonistisch. Der kommunistische Staat, so die „Nabat"-Anarchisten, habe sich für die Revolution als verhängnisvoll erwiesen.

Wenige Stunden vor unserer Abreise erhielten wir die vertrauliche Information, dass Machno Alexander Berkman und mich zu einem Besuch eingeladen hatte. Er wollte uns und durch uns die anarchistische Bewegung der Welt über seine Situation informieren. Er wollte, dass alle verstanden, dass er nicht der Bandit, Judenhasser und Konterrevolutionär war, als den ihn die Bolschewiki bezeichnet hatten. Er war der Revolution ergeben und diente den Interessen des Volkes, wie er sie sich vorstellte.

Die Versuchung war groß, die moderne Stenka Rasin kennenzulernen, aber
wir waren dem Museum verpflichtet und konnten das Vertrauen der anderen
Expeditionsmitglieder nicht brechen.

KAPITEL XX
POLTAWA

Unter der allgemeinen Verwirrung des Lebens in Russland und dem Zusammenbruch der Wirtschaftsmaschinerie hatte das Eisenbahnsystem am meisten gelitten. Das Thema wurde in fast jeder Sitzung diskutiert und jede sowjetische Zeitung schrieb oft darüber. Zwischen Petrograd und Moskau war der tatsächliche Zustand der Dinge jedoch nicht so auffällig, obwohl die Hauptbahnhöfe immer überfüllt waren und die Menschen tagelang warteten, um einen Platz zu ergattern. Dennoch fuhren die Züge zwischen Petrograd und Moskau ziemlich regelmäßig. Wenn man das Glück hatte, die erforderliche Reisegenehmigung und eine Fahrkarte zu bekommen, konnte man die Reise ohne besondere Gefahr für Leib und Leben bewältigen. Aber je weiter man nach Süden kam, desto offensichtlicher wurde die Desorganisation. Kaputte Waggons lagen übersät, kaputte Lokomotiven lagen entlang der Strecke und häufig waren die Gleise aufgerissen. Überall in der Ukraine waren die Bahnhöfe bis zum Ersticken überfüllt, die Menschen stürmten wild, sobald ein Zug gesichtet wurde. Die meisten von ihnen blieben wochenlang auf den Bahnsteigen, bevor sie es schafften, in einen Zug zu steigen. Die Stufen und sogar die Dächer der Waggons waren voll von Männern und Frauen, die mit Bündeln und Taschen beladen waren. An jeder Station herrschte ein wildes Gerangel um ein bisschen Platz. Soldaten jagten die Passagiere von den Treppen und Dächern, und oft mussten sie zu den Waffen greifen. Doch die Menschen waren so verzweifelt und so entschlossen, irgendwohin zu gelangen, wo sie Hoffnung auf ein wenig Nahrung hatten, dass sie sich nicht um Verhaftungen zu kümmern schienen und bei dieser Art der Fortbewegung ständig ihr Leben riskierten. Infolge dieser Situation kam es zu zahllosen Unfällen, wobei Dutzende Reisende oft von niedrigen Brücken mitgerissen und getötet wurden. Diese Anblicke waren so alltäglich geworden, dass man ihnen praktisch keine Aufmerksamkeit schenkte. Auf unserer Reise nach Süden und auf dem Rückweg wurden wir häufig Zeugen solcher Szenen. Ständig belagerten die *Meshotchniki* [Leute mit Taschen] die Waggons auf der Suche nach Nahrung oder wenn sie mit ihrer kostbaren Last an Mehl und Kartoffeln beladen zurückkamen.

Tag und Nacht wiederholten sich die schrecklichen Szenen an jeder Station. Die Fahrt in unserem gut ausgestatteten Waggon wurde zur Qual. Er bot nur Platz für sechs Personen, sodass noch genügend Platz für weitere Personen blieb. Dennoch war es uns verboten, ihn mit anderen zu teilen. Nicht nur wegen der Infektions- oder Insektengefahr, sondern auch, weil die Museumsgegenstände und das gesammelte Material sicherlich verloren gegangen wären, wenn wir Fremde an Bord gelassen hätten. Wir versuchten, unser Gewissen zu beruhigen, indem wir Frauen, Kindern oder Krüppeln erlaubten, auf der hinteren Plattform unseres Waggons zu reisen, obwohl selbst das gegen die Befehle verstieß.

Ein weiterer Umstand, der uns erheblich ärgerte, war die Aufschrift auf unserem Waggon, die lautete: Außerordentliche Kommission des Museums der Revolution. Unsere Freunde im Museum hatten uns versichert, dass der „Titel" uns helfen würde, an den Bahnhöfen Aufmerksamkeit zu erregen und auch dazu beitragen würde, dass unser Waggon bei Bedarf an die Züge angeschlossen würde. Doch schon die ersten paar Tage zeigten, dass die Aufschrift die Stimmung in der Bevölkerung gegen uns erregte. Der Name „Außerordentliche Kommission" bedeutete für die Menschen die Tscheka. Den anderen Worten schenkten sie keine Beachtung, da sie von dem ersten Wort erschreckt wurden. Schon früh auf der Reise bemerkten wir die finsteren Blicke, die uns an den Bahnhöfen entgegenschlugen, und die Unwilligkeit der Menschen, sich auf freundliche Gespräche einzulassen. Bald dämmerte uns, was los war; doch es erforderte beträchtliche Anstrengung, das Missverständnis zu erklären. Nachdem er sich beruhigt hatte, öffnete der einfache Russe uns sein Herz. Ein freundliches Wort, eine besorgte Frage, eine Zigarette änderten seine Haltung. Besonders als man ihm versicherte, dass wir keine Kommunisten waren und aus Amerika kamen, wurden die Menschen entlang der Strecke sanfter und gesprächiger, manchmal sogar vertraulicher. Sie waren ungebildet und primitiv, oft roh. Aber so ungebildet und unentwickelt sie auch waren, diese einfachen Leute waren sich ihrer Bedürfnisse bewusst. Sie waren unverdorben und besaßen einen tiefen Glauben an elementare Gerechtigkeit und Gleichheit. Ich war oft fast zu Tränen gerührt, als ich diese russischen Bauern und Bäuerinnen sah, die sich an die Trittstufen des fahrenden Zuges klammerten, jeden Augenblick in Lebensgefahr schwebten und dennoch gut gelaunt und gleichgültig gegenüber ihrer elenden Lage blieben. Sie tauschten Geschichten aus ihrem Leben aus oder stimmten manchmal die melodischen, traurigen Lieder des Südens an. An den Bahnhöfen, während der Zug auf eine Lokomotive wartete, versammelten sich die Bauern in Gruppen, bildeten einen großen Kreis, und dann begann jemand Akkordeon zu spielen, die Umstehenden begleiteten es mit Gesang. Es war seltsam, diese hungrigen und zerlumpten Bauern mit riesigen Lasten auf dem Rücken herumstehen zu sehen, die ihre Umgebung völlig vergaßen und ihr Herz in Volksliedern ausschütteten. Diese Russen sind ein eigenartiges Volk, Heilige und Teufel in einem, die die höchsten ebenso wie die brutalsten Impulse zeigten und zu fast allem fähig waren, außer zu anhaltender Anstrengung. Ich habe mich oft gefragt, ob dieser Mangel nicht zum Teil die Desorganisation des Landes und den tragischen Zustand der Revolution erklärte.

Wir erreichten Poltawa am Morgen. Im hellen Sonnenlicht sah die Stadt fröhlich aus. Die Straßen waren von Bäumen gesäumt, zwischen denen kleine Gartenbeete lagen. Gemüse wuchs in großer Vielfalt, und es war erfrischend zu sehen, dass es keine Zäune gab und das Gemüse trotzdem sicher war, was in Petrograd oder Moskau sicherlich nicht der Fall gewesen wäre. Offenbar herrschte in dieser Stadt nicht so viel Hunger wie im Norden.

Gemeinsam mit dem Expeditionssekretär besuchte ich das Regierungsgebäude. Anstelle des üblichen *Ispolkom* [Exekutivkomitees des Sowjets] wurde Poltawa von einem revolutionären Komitee namens *Revkom regiert*. Dies deutete darauf hin, dass die Bolschewiki noch keine Zeit gehabt hatten, einen Sowjet in der Stadt zu organisieren. Es gelang uns, den Vorsitzenden des *Revkom* für den Zweck unserer Reise zu interessieren, und er versprach, mit uns zusammenzuarbeiten und den verschiedenen Abteilungen den Befehl zu erteilen , Material für uns zu sammeln und vorzubereiten. Unser freundlicher Empfang ließ auf gute Ergebnisse schließen.

Im Büro für die Betreuung von Müttern und Kindern traf ich zwei sehr interessante Frauen – die eine war die Tochter des großen russischen Schriftstellers Korolenko, die andere die ehemalige Vorsitzende der Kinderrettungsgesellschaft. Als sie den Grund meines Aufenthalts in Poltawa erfuhren, boten die Frauen mir ihre Hilfe an und luden mich ein, ihre Schule und das nahe gelegene Haus von Korolenko zu besuchen.

Die Schule war in einem kleinen Haus untergebracht, das von der Straße aus kaum zu sehen war und in einem wunderschönen Garten lag. Der Empfangsraum enthielt eine reiche Sammlung von Puppen aller Art. Es gab hübsche ukrainische Mädchen, die in farbenfrohen Kleidern und Kopfbedeckungen mit ihren schönen Schwestern aus dem Kaukasus wetteiferten; fesche Kosaken vom Don blickten stolz auf ihre weniger anmutigen Brüder von der Wolga. Es gab Puppen aller Art, die lokale Trachten aus fast allen Teilen Russlands darstellten. Die Sammlung enthielt auch verschiedene Spielzeuge, Handarbeiten aus den Dörfern und wunderschöne Designs der *Kustarny*- Manufaktur, die Gruppen von Kindern in russischer und sibirischer Bauerntracht darstellten.

Die Damen des Hauses erzählten die Geschichte der Kinderrettungsgesellschaft. Die Organisation existierte mehrere Jahre lang, hatte aber bis zur Februarrevolution nur einen sehr begrenzten Wirkungsbereich. Dann schlossen sich der Gesellschaft neue Elemente an, hauptsächlich revolutionärer Art. Sie bemühten sich, ihre Arbeit auszuweiten und nicht nur für das körperliche Wohlergehen der Kinder zu sorgen, sondern sie auch zu erziehen, ihnen die Liebe zur Arbeit beizubringen und ihre Wertschätzung für Schönheit zu entwickeln. Spielzeuge und Puppen, die hauptsächlich aus Abfallmaterial hergestellt wurden, wurden ausgestellt und der Erlös den Bedürfnissen der Kinder zugeführt. Nach der Oktoberrevolution, als die Bolschewiki Poltawa eroberten, wurde die Gesellschaft wiederholt durchsucht und einige der Lehrer verhaftet, weil man sie verdächtigte, die Einrichtung sei ein konterrevolutionäres Nest. Die kleine Gruppe, die übrig blieb, setzte jedoch ihre Bemühungen zum Wohl der Kinder fort. Es gelang ihnen, eine Delegation nach Lunatscharski zu schicken, um um Erlaubnis zu bitten, ihre Arbeit fortzusetzen. Lunatscharski zeigte Verständnis, stellte das gewünschte Dokument aus und übergab ihnen sogar einen Brief an die örtlichen Behörden, in dem er die Bedeutung ihrer Arbeit hervorhob.

Doch die Gesellschaft war weiterhin Belästigungen und Diskriminierungen ausgesetzt. Um einer Anklage wegen Sabotage zu entgehen, boten die Frauen ihre Dienste dem Bildungsministerium von Poltawa an. Dort arbeiteten sie von neun Uhr morgens bis drei Uhr nachmittags und widmeten ihre Freizeit der Schule. Doch der Antagonismus der kommunistischen Behörden ließ nicht nach: Die Gesellschaft blieb in Ungnade.

Die Frauen wiesen darauf hin, dass die Sowjetregierung vorgab, für Selbstbestimmung einzutreten, und dass dennoch jede unabhängige Anstrengung diskreditiert und jede Initiative entmutigt, wenn nicht gar unterdrückt wurde. Nicht einmal den ukrainischen Kommunisten wurde Selbstbestimmung gestattet. Die Mehrheit der Abteilungsleiter wurden von Moskau ernannt, und Ukraina wurde praktisch die Möglichkeit zu unabhängigem Handeln genommen. Zwischen der Kommunistischen Partei Ukrainas und den Zentralbehörden in Moskau tobte ein erbitterter Kampf. Die Politik der letzteren bestand darin, alles zu kontrollieren.

Die Frauen waren der Sache der Kinder ergeben und bereit, im Interesse ihrer Schützlinge Missverständnisse und sogar Verfolgung zu ertragen. Beide hatten Verständnis und Sympathie für die Revolution, obwohl sie die terroristischen Methoden der Bolschewisten nicht gutheißen konnten. Sie waren intelligente und kultivierte Menschen und ich empfand ihr Zuhause als eine Oase in der Wüste kommunistischen Denkens und Fühlens. Bevor ich abreiste, übergaben mir die Damen eine Sammlung von Kinderarbeiten und einige exquisite Farbzeichnungen von Miss Korolenko und baten mich, die Sachen als Beispiele ihrer Arbeit nach Amerika zu schicken. Sie waren sehr darauf bedacht, das amerikanische Volk über ihre Gesellschaft und ihre Bemühungen zu informieren.

Später hatte ich Gelegenheit, Korolenko zu treffen, der noch immer sehr geschwächt war von seiner kürzlichen Krankheit. Er sah aus wie ein Patriarch, ehrwürdig und gütig; seine melodische Stimme und sein schönes

Gesicht, das aufleuchtete, wenn er vom Volk sprach, erwärmten schnell das Herz. Er sprach voller Zuneigung von Amerika und seinen Freunden dort. Aber das Licht erlosch aus seinen Augen und seine Stimme bebte vor Kummer, als er von der großen Tragödie Russlands und dem Leiden des Volkes sprach.

"Sie möchten wissen, wie ich die gegenwärtige Situation sehe und wie ich den Bolschewisten gegenüber stehe?", fragte er. "Es würde zu lange dauern, Ihnen davon zu erzählen. Ich schreibe Lunatscharski eine Reihe von Briefen, die er verlangt und zu veröffentlichen versprochen hat. Die Briefe behandeln dieses Thema. Offen gesagt glaube ich nicht, dass sie jemals gedruckt werden, aber ich werde Ihnen eine Kopie der Briefe für das Museum schicken, sobald sie fertig sind. Es werden sechs sein. Zwei davon kann ich Ihnen gleich geben. Meine Meinung ist in einer bestimmten Passage eines dieser Briefe kurz zusammengefasst. Ich sagte dort, wenn die Gendarmen des Zaren die Macht gehabt hätten, uns nicht nur zu verhaften, sondern auch zu erschießen, wäre die Situation wie die gegenwärtige gewesen. Das ist es, was sich jeden Tag vor meinen Augen abspielt. Die Bolschewisten behaupten, dass solche Methoden untrennbar mit der Revolution verbunden sind. Aber ich kann ihnen nicht zustimmen, dass Verfolgung und ständige Erschießungen den Interessen des Volkes oder der Revolution dienen. Ich war immer der Auffassung, dass die Revolution der höchste Ausdruck von Menschlichkeit und Gerechtigkeit sei. Im heutigen Russland fehlt beides. In einer Zeit, in der der volle Ausdruck und die Zusammenarbeit aller intellektuellen und spirituellen Kräfte notwendig sind, um das Land wieder aufzubauen, wurde dem gesamten Volk ein Maulkorb angelegt. Es gilt als Verbrechen, die Weisheit und Wirksamkeit der sogenannten Diktatur des Proletariats oder der Führer der Kommunistischen Partei in Frage zu stellen. Uns fehlen die einfachsten Voraussetzungen für das wahre Wesen einer sozialen Revolution, und dennoch geben wir vor, uns an die Spitze einer Weltrevolution gestellt zu haben. Das arme Russland wird für dieses Experiment teuer bezahlen müssen. Es könnte sogar grundlegende Veränderungen in anderen Ländern für lange Zeit verzögern. Die Bourgeoisie wird ihre reaktionären Methoden verteidigen können, indem sie auf das verweist, was in Russland geschehen ist."

Schweren Herzens nahm ich Abschied von dem berühmten Schriftsteller, einem der letzten großen Literaten, der das Gewissen und die geistige Stimme des intellektuellen Russlands gewesen war. Wieder einmal fühlte ich, wie er den Schrei jenes Teils der russischen *Intelligenz aussprach*, dessen Sympathien ganz dem Volk galten und dessen Leben und Werk nur von der Liebe zu seinem Land und dem Interesse an seinem Wohlergehen inspiriert waren.

Am Abend besuchte ich eine Verwandte von Korolenko, eine sehr sympathische alte Dame, die Vorsitzende des Politischen Roten Kreuzes in

Poltawa war. Sie erzählte mir viel über Dinge, die Korolenko selbst aus Bescheidenheit nicht erwähnte. Obwohl er alt und gebrechlich war, verbrachte er die meiste Zeit in der Tscheka und versuchte, das Leben der unschuldig zum Tode Verurteilten zu retten. Er schrieb häufig Appellbriefe an Lenin, Gorki und Lunatscharski und bat sie, einzugreifen, um sinnlose Hinrichtungen zu verhindern. Der gegenwärtige Vorsitzende der Tscheka in Poltawa war ein unerbittlicher und grausamer Mann. Seine einzige Lösung für schwierige Probleme war das Erschießen. Die Dame lächelte traurig, als ich ihr erzählte, dass der Mann den Mitgliedern unserer Expedition gegenüber sehr freundlich gewesen sei. „Das war nur zum Schein", sagte sie, „wir kennen ihn besser. Wir haben täglich Gelegenheit, seine Freundlichkeit von diesem Balkon aus zu sehen. Hier gehen die Opfer vorbei, die zur Schlachtbank geführt werden."

Poltawa ist als Produktionszentrum für bäuerliches Kunsthandwerk bekannt. Schönes Leinen, Stickereien, Spitzen und Korbwaren gehörten zu den Produkten der Industrie der Provinz. Ich besuchte die Abteilung für Sozialökonomie, den *Sovnarchos* , wo ich erfuhr, dass diese Industrien praktisch stillgelegt waren. Nur eine kleine Sammlung war in der Abteilung erhalten geblieben. „Früher belieferten wir die ganze Welt, sogar Amerika, mit unseren *Kustarny-* Arbeiten", sagte die verantwortliche Frau, die früher Leiterin des *Semstwo gewesen war* , das besonders stolz darauf war, diese bäuerlichen Bemühungen zu fördern. „Unsere Handarbeiten waren im ganzen Land als eines der schönsten Kunstwerke bekannt, aber jetzt sind sie alle zerstört. Die Bauern haben ihren künstlerischen Impuls verloren, sie sind brutalisiert und korrumpiert worden." Sie beklagte den Verlust der bäuerlichen Kunst wie eine Mutter den ihres Kindes.

Während unseres Aufenthalts in Poltawa kamen wir mit Vertretern verschiedener anderer sozialer Elemente in Kontakt. Besonders interessant war die Reaktion der Zionisten auf das bolschewistische Regime. Zunächst weigerten sie sich, mit uns zu sprechen, offensichtlich waren sie aufgrund früherer Erfahrungen sehr vorsichtig geworden. Auch die Anwesenheit unseres Sekretärs, eines Nichtjuden, weckte ihr Misstrauen. Ich arrangierte ein Treffen mit einigen der Zionisten unter vier Augen, und allmählich wurden sie vertraulicher. Ich hatte in Moskau im Zusammenhang mit der Verhaftung der dortigen Zionisten erfahren, dass die Bolschewiki dazu neigten, sie als konterrevolutionär zu betrachten. Aber ich fand die Zionisten von Poltawa als sehr einfache orthodoxe Juden, die sicherlich niemanden als Verschwörer oder aktive Feinde beeindrucken konnten. Sie waren passiv, wenn auch verbittert gegenüber dem bolschewistischen Regime. Es wurde behauptet, die Bolschewiki würden keine Pogrome durchführen und die Juden nicht verfolgen, sagten sie; aber das stimmte nur in gewissem Sinne. Es gab zwei Arten von Pogromen: die lauten, gewalttätigen und die stillen.

Von beiden hielten die Zionisten die erstere für vorzuziehen. Das gewalttätige Pogrom konnte einen Tag oder eine Woche dauern; die Juden wurden angegriffen und ausgeraubt, manchmal sogar ermordet; und dann war es vorbei. Aber die stillen Pogrome gingen die ganze Zeit weiter. Sie bestanden aus ständiger Diskriminierung, Verfolgung und Hetzjagd. Die Bolschewisten hatten die jüdischen Krankenhäuser geschlossen, und nun waren kranke Juden gezwungen, in den Krankenhäusern der Nichtjuden *Treife zu essen* . Dasselbe galt für die jüdischen Kinder in den bolschewistischen Speisehäusern. Wenn ein Jude und ein Nichtjude wegen derselben Anklage verhaftet wurden, war es sicher, dass der Nichtjude freikam, während der Jude ins Gefängnis kam und manchmal sogar erschossen wurde. Sie waren die ganze Zeit Beleidigungen und Demütigungen ausgesetzt, ganz zu schweigen von der Tatsache, dass sie zum langsamen Verhungern verurteilt waren, da jeglicher Handel unterdrückt worden war. Die Juden in der Ukraine litten unter einem anhaltenden stillen Pogrom.

Ich hatte das Gefühl, dass die zionistische Kritik am bolschewistischen Regime von einer engstirnigen religiösen und nationalistischen Haltung inspiriert war. Es waren orthodoxe Juden, meist Handwerker, denen die Revolution ihren Wirkungskreis genommen hatte. Dennoch war ihr Problem real – das Problem, dass die Juden in der Atmosphäre des aktiven Antisemitismus erstickten. In Poltawa waren die führenden kommunistischen und bolschewistischen Funktionäre Nichtjuden. Ihre Abneigung gegen die Juden war offen und unverhohlen. Der Antisemitismus in der gesamten Ukraine war noch heftiger als in vorrevolutionären Tagen.

Nachdem wir Poltawa verlassen hatten, setzten wir unsere Reise nach Süden fort, kamen aber aufgrund fehlender Maschinen nicht weiter als bis Fastow. Diese einst wohlhabende Stadt war nun verarmt und hatte weniger als ein Drittel ihrer früheren Bevölkerung. Fast alle Aktivitäten waren zum Stillstand gekommen. Wir fanden den Marktplatz im Zentrum der Stadt als höchst unbedeutende Angelegenheit vor, bestehend aus ein paar Ständen mit kleinen Vorräten an Weißmehl, Zucker und Butter. Es waren mehr Frauen als Männer da, und ich war besonders von dem seltsamen Ausdruck in ihren Augen beeindruckt. Sie sahen einem nicht direkt ins Gesicht, sondern starrten mit einem stummen, gehetzten Tierausdruck an einem vorbei. Wir erzählten den Frauen, dass wir gehört hatten, dass in Fastow viele schreckliche Pogrome stattgefunden hatten, und dass wir Daten zu diesem Thema sammeln wollten, die wir nach Amerika schicken wollten, um die Menschen dort über die Lage der ukrainischen Juden aufzuklären. Als sich die Nachricht von unserer Anwesenheit verbreitete, umringten uns viele Frauen und Kinder, alle sehr aufgeregt und jede versuchte, ihre Geschichte über die Schrecken von Fastow zu erzählen. Sie erzählten, dass in dieser Stadt im September 1919 schreckliche Pogrome stattgefunden hatten, das schrecklichste davon durch Denikin. Sie dauerten acht Tage, während derer 4.000 Menschen getötet wurden, während mehrere Tausend an Verletzungen und Schock starben. Siebentausend starben auf der Straße nach Kiew an Hunger und Kälte, als sie versuchten, den Denikin-Wilden zu entkommen. Der größte Teil der Stadt war zerstört oder niedergebrannt worden; viele der älteren Juden wurden in der Synagoge gefangen und dort ermordet, während andere auf den öffentlichen Platz getrieben und dort abgeschlachtet wurden. Es gab keine Frau, ob jung oder alt, die nicht geschändet worden war, die meisten von ihnen vor den Augen ihrer Väter, Ehemänner und Brüder. Die jungen Mädchen, einige von ihnen noch Kinder, hatten wiederholt unter den Denikin-Soldaten gelitten. Ich verstand den schrecklichen Blick in den Augen der Frauen von Fastov.

Männer und Frauen belagerten uns mit Appellen, ihre Verwandten in Amerika über ihre elende Lage zu informieren. Fast jeder, so schien es, hatte Verwandte in diesem Land. Sie drängten sich abends in unser Auto und brachten Dutzende von Briefen mit, die in die Staaten weitergeleitet werden sollten. Einige der Nachrichten trugen keine Adresse, da die einfachen Leute dachten, der Name reiche aus. Andere hatten während der Kriegs- und Revolutionsjahre nichts von ihren amerikanischen Verwandten gehört, hofften aber immer noch, dass sie irgendwo jenseits des Ozeans zu finden seien. Es war rührend, den tiefen Glauben der Menschen zu sehen, dass ihre Verwandten in Amerika sie retten würden.

Jeden Abend war unser Wagen voll mit den Unglücklichen aus Fastow. Unter ihnen war ein besonders interessanter Besucher, ein ehemaliger Anwalt, der den Pogrommachern wiederholt die Stirn geboten und viele jüdische Leben gerettet hatte. Er hatte ein Tagebuch über die Pogrome geführt, und wir verbrachten einen ganzen Abend damit, der Lesung seines Manuskripts zuzuhören. Es war eine einfache Aufzählung von Fakten und Daten, schrecklich in ihrer schmucklosen Objektivität. Es war der seelische Aufschrei eines Volkes, das ständig geschändet und gefoltert wurde und in täglicher Angst vor neuen Demütigungen und Gräueltaten lebte. Es gab nur einen Lichtblick in diesem schrecklichen Bild: Unter den Bolschewiki hatte es keine Pogrome gegeben. Die Dankbarkeit der Juden aus Fastow war erbärmlich. Sie klammerten sich an die Kommunisten wie an einen rettenden Strohhalm. Es war ermutigend zu denken, dass das bolschewistische Regime zumindest frei war von der schlimmsten aller russischen Plagen, den Pogromen gegen Juden.

KAPITEL XXI
KIEW

Aufgrund der vielen Schwierigkeiten und Verzögerungen dauerte die Reise von Fastow nach Kiew sechs Tage und war ein einziger Alptraum. Die Situation auf dem Bahnsteig war entsetzlich. An jedem Bahnhof verstopften Dutzende von Güterwaggons die Gleise. Sie waren auch nicht mit Lebensmitteln beladen, um die hungernden Städte zu ernähren; sie waren dicht mit menschlicher Fracht vollgestopft, unter denen sich ein großer Prozentsatz Kranker befand. Die Warteräume und Bahnsteige entlang der gesamten Strecke waren mit Menschenmassen gefüllt, zerzaust und schmutzig. Noch grauenhafter waren die Szenen nachts. Überall Massen verzweifelter Menschen, die schreiend versuchten, im Zug Fuß zu fassen. Sie ähnelten den Verdammten aus Dantes Inferno, ihre Gesichter aschfahl im Dämmerlicht, alle kämpften verzweifelt um einen Platz. Ab und zu schallte ein Schmerzensschrei durch die Nacht und der bereits fahrende Zug kam zum Stehen: Jemand war unter die Räder geworfen worden und zu Tode gestürzt.

Es war eine Erleichterung, Kiew zu erreichen. Wir hatten erwartet, die Stadt fast in Trümmern vorzufinden, wurden aber angenehm enttäuscht. Als wir Petrograd verließen, enthielt die sowjetische Presse zahlreiche Berichte über Vandalismus, den Polen vor der Räumung Kiews begangen hatten. Sie hätten die berühmte alte Kathedrale der Stadt fast demoliert, schrieben die Zeitungen, die Wasserwerke und Elektrizitätswerke zerstört und mehrere Teile der Stadt in Brand gesteckt. Tschitscherin und Lunatscharski richteten leidenschaftliche Appelle an die kultivierten Menschen der Welt, um gegen diese Barbarei zu protestieren. Das Verbrechen der Polen an der Kunst wurde mit dem der Deutschen in Reims verglichen, deren berühmte Kathedrale durch preußische Artillerie beschädigt worden war. Wir waren daher sehr überrascht, Kiew in einem noch besseren Zustand als Petrograd vorzufinden. Tatsächlich hatte die Stadt angesichts der zahlreichen Regierungswechsel und der damit verbundenen Militäroperationen sehr wenig gelitten. Es stimmt, dass einige Brücken und Eisenbahnschienen am Stadtrand gesprengt worden waren, aber Kiew selbst war fast unversehrt. Als wir uns nach dem Zustand der Kathedrale erkundigten, sahen uns die Leute erstaunt an: Sie hatten den Bericht aus Moskau nicht gehört.

Im Gegensatz zu unserem Empfang in Charkow und Poltawa war Kiew eine Enttäuschung. Der Sekretär des *Ispolkom* war nicht sehr freundlich und schien von Sinowjews Unterschrift auf unseren Beglaubigungsschreiben überhaupt nicht beeindruckt zu sein. Es gelang unserer Sekretärin, den Vorsitzenden des Exekutivkomitees zu sprechen, aber sie kehrte sehr entmutigt zurück: Dieser hohe Beamte war zu ungeduldig, um ihren

Ausführungen zuzuhören. Er sei beschäftigt, sagte er, und könne nicht gestört werden. Es wurde beschlossen, dass ich mein Glück als Amerikaner versuche, mit dem Ergebnis, dass der Vorsitzende schließlich zustimmte, uns Zugang zu dem verfügbaren Material zu gewähren. Es war ein trauriges Spiegelbild der Ironie des Lebens. Amerika war mit dem Weltimperialismus im Bunde, um Russland auszuhungern und zu vernichten. Doch es genügte zu erwähnen, dass man aus Amerika kam, um den Schlüssel zu allem Russischen zu finden. Es war erbärmlich und ziemlich geschmacklos, diesen Schlüssel zu verwenden.

In Kiew war die Feindseligkeit gegenüber dem Kommunismus groß, selbst die örtlichen Bolschewisten waren verbittert gegen Moskau. Es kam für niemanden aus dem „Zentrum" in Frage, sich ihre Zusammenarbeit zu sichern, wenn er nicht mit Staatsmacht ausgestattet war. Die Regierungsangestellten in den sowjetischen Institutionen interessierten sich für nichts anderes als ihre Rationen. Die bürokratische Gleichgültigkeit und Inkompetenz in der Ukraine waren noch schlimmer als in Moskau und wurden durch nationalistische Ressentiments gegen die „Russen" noch verstärkt. Dies galt auch für Charkow und Poltawa, wenn auch in geringerem Maße. Hier war die Atmosphäre von Misstrauen und Hass gegen alles Moskauerische geprägt. Die Täuschung, die der Vorsitzende des Bildungsministeriums von Charkow an uns praktizierte, war charakteristisch für die Ressentiments, die fast jeder ukrainische Beamte gegenüber Moskau empfand. Der Vorsitzende war durch und durch Ukrainer, aber er konnte unsere von Sinowjew und Lunatscharski unterzeichneten Beglaubigungsschreiben nicht offen ignorieren. Er versprach, unsere Bemühungen zu unterstützen, aber ihm missfiel die Idee, dass Petrograd das historische Material der Ukraine „aufsaugen" sollte. In Kiew versuchte man nicht, die Opposition gegen Moskau zu verbergen. Man konnte sie überall spüren. Aber sobald das Zauberwort „Amerika" fiel und den Menschen klar wurde, dass man kein Kommunist war, wurden sie interessiert und höflich, ja sogar vertraulich. Auch die ukrainischen Kommunisten bildeten keine Ausnahme.

Die in Kiew gesammelten Informationen und Dokumente waren von der gleichen Art wie die in früheren Städten gesammelten Daten. Das Bildungssystem, die Krankenpflege, die Arbeitsverteilung usw. ähnelten dem allgemeinen bolschewistischen Schema. „Wir folgen dem Moskauer Plan", sagte ein ukrainischer Lehrer, „mit dem einzigen Unterschied, dass in unseren Schulen die ukrainische Sprache zusammen mit Russisch unterrichtet wird." Die Menschen und insbesondere die Kinder sahen besser ernährt und gekleidet aus als die Menschen in Russland selbst: Lebensmittel waren vergleichsweise reichlicher und billiger. Es gab Musterschulen wie in Petrograd und Moskau, und anscheinend war sich niemand der korrumpierenden Wirkung einer solchen Diskriminierung auf die Lehrer wie auch auf die Kinder bewusst. Letztere blickten neidisch auf die Schüler der bevorzugten Schulen und glaubten, dass diese nur für kommunistische Kinder seien, was in Wirklichkeit nicht der Fall war. Die Lehrer hingegen, die wussten, wie wenig Aufmerksamkeit den normalen Schulen geschenkt wurde, waren in ihrer Arbeit nachlässig. Alle versuchten, eine Stelle in den Musterschulen zu bekommen, die besondere und abwechslungsreiche Rationen erhielten.

Der Vorsitzende des Gesundheitsamtes war ein aufmerksamer und kompetenter Mann, einer der wenigen Beamten in Kiew, die Interesse an der Expedition und ihrer Arbeit zeigten. Er widmete uns viel Zeit, um uns die Methoden seiner Organisation zu erklären und uns interessante Orte und Materialien zu zeigen, die für das Museum gesammelt werden könnten. Er lenkte unsere Aufmerksamkeit insbesondere auf das jüdische Krankenhaus für verkrüppelte Kinder.

Ich fand das Krankenhaus unter der Leitung eines kultivierten und charmanten Mannes, Dr. N.—. Er war zwanzig Jahre lang Leiter des Krankenhauses gewesen und zeigte uns mit großem Interesse und Stolz seine Einrichtung und erzählte uns ihre Geschichte.

Das Krankenhaus war früher eines der berühmtesten in Russland gewesen, der Stolz der einheimischen Juden, die es gebaut und unterhalten hatten. Doch in den letzten Jahren war seine Nützlichkeit aufgrund der häufigen Regierungswechsel eingeschränkt worden. Es war Verfolgung und wiederholten Pogromen ausgesetzt. Schwerstkranke jüdische Patienten wurden oft aus ihren Betten getrieben, um den Günstlingen dieses oder jenes Regimes Platz zu machen. Die Offiziere der Denikin-Armee waren äußerst brutal. Sie trieben die jüdischen Patienten auf die Straße, setzten sie Demütigungen und Misshandlungen aus und hätten sie getötet, wenn nicht das Krankenhauspersonal unter Einsatz des eigenen Lebens die Kranken beschützt hätte. Nur die Tatsache, dass die Mehrheit des Personals Nichtjuden waren, rettete das Krankenhaus und seine Insassen. Doch der Schock führte zu zahlreichen Todesfällen und viele Patienten blieben mit zerrütteten Nerven zurück.

Der Arzt erzählte mir auch die Geschichte einiger Patienten, die meisten von ihnen Opfer der Fastow-Pogrome. Unter ihnen waren Kinder im Alter zwischen sechs und acht Jahren, hager und kränklich, mit einem Ausdruck des Schreckens in ihren Gesichtern. Sie hatten alle ihre Angehörigen verloren, in manchen Fällen war die ganze Familie vor ihren Augen ermordet worden. Diese Kinder wachten nachts oft voller Angst auf, sagte der Arzt, weil sie schreckliche Träume hatten. Man tue alles Mögliche für sie, aber bisher seien die unglücklichen Kinder nicht von der Erinnerung an ihre schrecklichen Erlebnisse in Fastow befreit worden. Der Arzt zeigte auf eine Gruppe junger Mädchen im Alter zwischen vierzehn und achtzehn Jahren, die schlimmsten Opfer des Denikin-Pogroms. Sie alle waren wiederholt misshandelt worden und waren in einem verstümmelten Zustand, als sie ins Krankenhaus kamen; es würde Jahre dauern, sie wieder gesund zu machen. Der Arzt betonte die Tatsache, dass während des bolschewistischen Regimes keine Pogrome stattgefunden hätten. Es sei eine große Erleichterung für ihn und sein Personal zu wissen, dass seine Patienten nicht mehr in solcher Gefahr seien. Aber das Krankenhaus hatte andere Schwierigkeiten. Es gab die ständige Einmischung politischer Kommissare und den täglichen Kampf um die Versorgung. „Ich verbringe die meiste Zeit in den verschiedenen Büros", sagte er, „anstatt mich meinen Patienten zu widmen. Unwissende Beamte erhalten Macht über den medizinischen Beruf und schikanieren die Ärzte ständig bei ihrer Arbeit." Der Arzt selbst war wiederholt wegen Sabotage verhaftet worden, weil er die zahlreichen, sich oft widersprechenden Verordnungen und Anordnungen nicht befolgen konnte. Dies war das Ergebnis eines Systems, in dem politische Nützlichkeit und nicht berufliche Verdienste die Hauptrolle spielten. Es kam oft vor, dass ein erstklassiger Arzt mit bekanntem Ruf und langjähriger Erfahrung plötzlich in eine entfernte Gegend beordert wurde, um einen kommunistischen Arzt an seine Stelle zu setzen. Unter solchen Bedingungen wurden die besten Bemühungen gelähmt. Darüber hinaus herrschte ein allgemeiner Argwohn gegenüber der *Intelligenz*, der ein demoralisierender Faktor war. Es stimmte, dass viele aus dieser Klasse Sabotage betrieben hatten, aber es gab auch solche, die heroische und aufopferungsvolle Arbeit leisteten. Die Bolschewiki weckten durch ihre wahllose Feindseligkeit gegenüber der *Intelligenz* als Klasse Vorurteile und Leidenschaften, die die Triebfedern des kulturellen Lebens des Landes vergifteten. Die russische *Intelligenz* hatte mit ihrem Blut den Boden der Revolution gedüngt, doch war es ihr nicht vergönnt, die Früchte ihres langen Kampfes zu ernten. „Ein tragisches Schicksal", bemerkte der Arzt; „wenn man es bei seiner Arbeit nicht vergisst, ist eine Existenz unmöglich."

Die Anstalt für verkrüppelte Kinder erwies sich als ein vorbildliches und modernes Krankenhaus, das mitten in einem großen Park lag. Es war den entstellten Geschöpfen mit verkrüppelten Gliedmaßen und deformierten Körpern gewidmet, die Opfer des großen Krieges, von Krankheiten und Hungersnöten waren. Die Kinder sahen alt und verkrüppelt aus; wie Vater Zeit waren sie alt geboren worden. Sie lagen in Reihen auf sauberen weißen Betten und brutzelten in der warmen Sonne des ukrainischen Sommers. Der Chefarzt, der uns durch die Anstalt führte, schien bei seinen kleinen Schützlingen sehr beliebt zu sein. Sie freuten sich, ihn zu sehen, als er auf jedes hilflose Kind zuging und sich liebevoll zu ihnen herabbeugte, um sich nach seinem Befinden zu erkundigen. Das Krankenhaus existierte schon seit vielen Jahren und galt als das erste seiner Art in Russland. Seine Ausrüstung zur Pflege deformierter und verkrüppelter Kinder gehörte zu den modernsten. „Seit dem Krieg und der Revolution fühlen wir uns etwas hinter der Zeit zurückgeblieben", sagte der Arzt. "Wir waren so viele Jahre lang von der zivilisierten Welt abgeschnitten. Aber trotz der verschiedenen Regierungswechsel haben wir uns bemüht, unsere Standards aufrechtzuerhalten und den unglücklichen Opfern von Krieg und Krankheit zu helfen." Die Versorgung der Einrichtung erfolgte durch die Regierung und das Krankenhauspersonal war keinerlei Eingriffen ausgesetzt, obwohl ich vom Arzt erfuhr, dass er aufgrund seiner politischen Neutralität von den Bolschewiki als konterrevolutionär angesehen wurde.

Im Krankenhaus waren viele Kinder untergebracht. Einige von denen, die laufen konnten, studierten Musik und Kunst, und wir hatten Gelegenheit, ein informelles Konzert zu besuchen, das die Kinder und ihre Lehrer zu unseren Ehren veranstalteten. Einige von ihnen spielten auf höchst künstlerische Weise *Balalaika* , und es war tröstlich zu sehen, wie diese verstörten Kinder im Rhythmus der Volksmelodien der Ukraine ihr Vergessen wiederfanden.

Schon zu Beginn unseres Aufenthalts in Kiew erfuhren wir, dass das wertvollste Material für das Museum nicht in den sowjetischen Institutionen zu finden war, sondern sich im Besitz anderer politischer Gruppen und Privatpersonen befand. Die besten statistischen Informationen über Pogrome beispielsweise befanden sich in den Händen eines ehemaligen Ministers des Rada-Regimes in der Ukraine. Es gelang mir, den Mann ausfindig zu machen, und ich war sehr überrascht, als er mir, nachdem er meine Identität erfahren hatte, mehrere Exemplare der Zeitschrift *Mother Earth überreichte* , die ich in Amerika veröffentlicht hatte. Der ehemalige Minister arrangierte eine kleine Zusammenkunft, zu der einige Schriftsteller und Dichter sowie in der jüdischen *Kulturliga aktive Männer eingeladen wurden* , um mehrere Mitglieder unserer Expedition kennenzulernen. Die Zusammenkunft bestand aus den besten Elementen der örtlichen jüdischen *Intelligenz* . Wir diskutierten über die Revolution, die bolschewistischen Methoden und das jüdische Problem. Die meisten der Anwesenden waren zwar gegen die kommunistischen Theorien, aber für die Sowjetregierung. Sie waren der Meinung, dass die Bolschewiki trotz ihrer vielen Fehler danach strebten, die Interessen Russlands und der Revolution zu fördern. Unter dem kommunistischen Regime waren die Juden jedenfalls nicht den Pogromen ausgesetzt, die alle anderen Regime der Ukraine an ihnen verübten. Diese jüdischen Intellektuellen argumentierten, dass die Bolschewisten den Juden zumindest das Leben gestatteten und dass sie deshalb jeder anderen Regierung vorzuziehen seien und von den Juden unterstützt werden sollten. Sie fürchteten sich vor dem Anwachsen des Antisemitismus in Russland und waren entsetzt über die Möglichkeit eines Sturzes der Bolschewisten. Sie glaubten, dass dies zweifellos zu einem Massenmord an den Juden führen würde.

Einige der Jüngeren waren anderer Ansicht. Das bolschewistische Regime habe zu einem wachsenden Hass gegen die Juden geführt, sagten sie, denn die Massen hätten den Eindruck, die meisten Kommunisten seien Juden. Der Kommunismus stehe für Zwangssteuereintreibung, Strafexpeditionen und die Tscheka. Der Widerstand der Bevölkerung gegen die Kommunisten drücke sich daher im Hass auf die gesamte jüdische Rasse aus. So habe die bolschewistische Tyrannei den latenten Antisemitismus der Ukrainer noch verstärkt. Um zu beweisen, dass sie die Juden nicht begünstigten, seien die Bolschewiki sogar ins andere Extrem verfallen und hätten Juden häufig für Dinge verhaftet und bestraft, die die Nichtjuden ungestraft tun konnten. Die Bolschewiki förderten und finanzierten auch die kulturelle Arbeit im Süden in ukrainischer Sprache, während sie gleichzeitig derartige Bemühungen in jüdischer Sprache unterbunden hätten. Zwar sei die *Kulturliga* weiterhin zugelassen worden, aber ihre Arbeit wurde auf Schritt und Tritt behindert. Kurz gesagt, die Bolschewiki ließen die Juden leben, aber nur im physischen Sinne. Kulturell waren sie zum Tode verurteilt. Der *Yevkom* (jüdisch-kommunistische Sektion) erhielt natürlich alle Vorteile und Unterstützung von der Regierung, aber seine Mission war es, den Juden der Ukraine das Evangelium der proletarischen Diktatur zu bringen. Es war bezeichnend, dass der *Yevkom* antisemitischer war als die Ukrainer selbst. Wenn er die Macht hätte, würde er jede nichtkommunistische jüdische Organisation pogromieren und alle jüdischen Bildungsbemühungen zerstören. Dieses junge Element betonte, dass es den Sturz der bolschewistischen Regierung nicht befürwortete, ihn aber auch nicht unterstützen konnte.

Ich hatte das Gefühl, dass beide jüdischen Gruppierungen eine rein nationalistische Sicht auf die russische Situation hatten. Ich konnte ihre persönliche Haltung, die das Ergebnis ihres eigenen Leidens und der Verfolgung der jüdischen Rasse war, gut verstehen. Dennoch galt meine Hauptsorge der Revolution und ihren Auswirkungen auf Russland *als Ganzes*. Ob die Bolschewiki unterstützt werden sollten oder nicht, konnte nicht nur von ihrer Haltung gegenüber den Juden und der Judenfrage abhängen. Letztere war sicherlich ein sehr wichtiges und dringendes Thema, insbesondere in der Ukraine; doch das allgemeine Problem war viel größer. Es umfasste die vollständige wirtschaftliche und soziale Emanzipation des gesamten russischen Volkes, einschließlich der Juden. Wenn ihnen die bolschewistischen Methoden und Praktiken nicht durch die Macht der Umstände aufgezwungen wurden, wenn sie durch ihre eigenen Theorien und Prinzipien bedingt waren und wenn ihr einziges Ziel darin bestand, ihre eigene Macht zu sichern, konnte ich sie nicht unterstützen. Sie mochten unschuldig an Pogromen gegen die Juden sein, aber wenn sie in ganz

Russland Pogrome auslösten, hatten sie ihre Mission als revolutionäre Partei verfehlt. Ich wollte nicht behaupten, dass ich alle damit verbundenen Probleme bereits klar erkannt hatte, doch aufgrund meiner bisherigen Erfahrungen war ich der Ansicht, dass die grundlegende bolschewistische Vorstellung von der Revolution falsch war und dass ihre praktische Umsetzung zwangsläufig zur großen russischen Katastrophe führen musste, bei der die jüdische Tragödie nur eine untergeordnete Rolle spielte.

Mein Gastgeber und seine Freunde konnten meiner Meinung nicht zustimmen: wir vertraten entgegengesetzte Lager. Trotzdem war das Treffen äußerst interessant und wir vereinbarten, dass wir uns vor unserer Abreise aus der Stadt noch einmal treffen würden.

Als ich eines Tages zu unserem Wagen zurückkehrte, sah ich eine Abteilung Rotarmisten am Bahnhof. Auf Nachfrage erfuhr ich, dass ausländische Delegierte aus Moskau erwartet wurden und dass die Soldaten abkommandiert worden waren, um an einer Demonstration zu ihren Ehren teilzunehmen. Gruppen von Uniformierten standen herum und diskutierten über die Ankunft der Mission. Viele äußerten ihre Unzufriedenheit darüber, dass die Soldaten so lange warten mussten. „Diese Leute kommen nach Russland, nur um uns zu begutachten", sagte einer der Rotarmisten. „Wissen sie etwas über uns oder interessieren sie sich dafür, wie wir leben? Nein, sie sind nicht daran interessiert. Für sie ist es ein Feiertag. Sie werden von der Regierung verkleidet und verköstigt, aber sie sprechen nie mit uns und sehen nur, wie wir vorbeimarschieren. Hier liegen wir seit Stunden in der brennenden Sonne herum, während die Delegierten wahrscheinlich an einem anderen Bahnhof bewirtet werden. Das ist Kameradschaft und Gleichheit!"

Solche Äußerungen hatte ich schon früher gehört, aber es überraschte mich, sie von Soldaten zu hören. Ich dachte an Angelica Balabanova, die die italienische Mission begleitete, und fragte mich, was sie denken würde, wenn sie wüsste, wie die Männer sich fühlten. Wahrscheinlich war ihr nie in den Sinn gekommen, dass diese „unwissenden russischen Bauern" in Militäruniform die Scheinvorstellungen offizieller Demonstrationen durchschaut hatten.

Am nächsten Tag erhielten wir von Balabanova eine Einladung zu einem Bankett zu Ehren der italienischen Delegierten. Mehrere Mitglieder unserer Expedition waren gespannt auf das Treffen mit den ausländischen Gästen und nahmen die Einladung an.

Die Veranstaltung fand im ehemaligen Gebäude der Handelskammer statt, das für diesen Anlass reich geschmückt war. Im großen Bankettsaal waren lange Tische mit frischen Schnittblumen, verschiedenen Sorten Südfrüchten und Wein beladen. Der Anblick erinnerte an die Feste der alten Bourgeoisie, und ich konnte sehen, dass Angelica sich angesichts der üppigen

Zurschaustellung von Silbergeschirr und Reichtum ziemlich unwohl fühlte. Das Bankett begann mit den üblichen Trinksprüchen, die Gäste tranken auf Lenin, Trotzki, die Rote Armee und die Dritte Internationale, und die ganze Gesellschaft erhob sich, als nach jedem Trinkspruch die Revolutionshymne angestimmt wurde, während die Soldaten und Offiziere in guter alter Militärmanier stramm standen.

Unter den Delegierten befanden sich zwei junge französische Anarchosyndikalisten. Sie hatten von unserer Anwesenheit in Kiew gehört und den ganzen Tag nach uns gesucht, ohne uns finden zu können. Nach dem Bankett sollten sie sofort nach Petrograd aufbrechen, so dass uns nur wenig Zeit blieb. Auf unserem Weg zum Bahnhof erzählten uns die Delegierten, dass sie viel Material über die Revolution gesammelt hatten, das sie in Frankreich veröffentlichen wollten. Sie waren überzeugt, dass mit dem bolschewistischen Regime nicht alles in Ordnung war: Sie hatten erkannt, dass die Diktatur des Proletariats ausschließlich in den Händen der Kommunistischen Partei lag, während der einfache Arbeiter genauso versklavt war wie eh und je. Sie sagten, sie hätten die Absicht, offen mit ihren Kameraden zu Hause über diese Angelegenheiten zu sprechen und ihre Haltung durch das Material in ihrem Besitz zu untermauern. „Erwarten Sie, die Dokumente herauszubekommen?", fragte ich La Petit, einen der Delegierten. „Sie meinen doch nicht, dass ich daran gehindert werden könnte, meine eigenen Notizen herauszunehmen", antwortete er. "Die Bolschewiki würden es nicht wagen, so weit zu gehen – jedenfalls nicht mit ausländischen Delegierten." Er schien so überzeugt, dass ich das Thema nicht weiter verfolgen wollte. In dieser Nacht verließen die Delegierten Kiew und verließen Russland kurze Zeit später. Sie wurden nie wieder lebend gesehen. Ohne einen Kommentar zu ihrem Verschwinden abzugeben, möchte ich nur erwähnen, dass, als ich mehrere Monate später nach Moskau zurückkehrte, allgemein bekannt war, dass die beiden Anarchosyndikalisten mit mehreren anderen Männern, die sie begleitet hatten, irgendwo vor der Küste Finnlands von einem Sturm überrascht wurden und alle ertranken. Es gab Gerüchte über Verbrechen, obwohl ich nicht geneigt bin, der Geschichte Glauben zu schenken, insbesondere angesichts der Tatsache, dass zusammen mit den Anarchosyndikalisten auch ein in Moskau angesehener Kommunist umkam. Aber ihr Verschwinden mit all den Dokumenten, die sie gesammelt hatten, wurde nie zufriedenstellend erklärt.

Die den Mitgliedern unserer Expedition zugewiesenen Zimmer befanden sich in einem Haus in einer *Passage*, die von der Kreschatik, der Hauptstraße Kiews, abging. Es war früher das wohlhabende Wohnviertel der Stadt gewesen, und seine schönen Häuser sahen, obwohl in letzter Zeit vernachlässigt, immer noch imposant aus. In der *Passage* befanden sich auch eine Reihe von Geschäften, Ruinen früheren Glanzes, die die Wohlhabenden der Nachbarschaft versorgten. Diese Läden hatten immer noch gute Vorräte an Gemüse, Obst, Milch und Butter. Sie gehörten meist alten Juden, deren Energien nicht für andere Zwecke eingesetzt werden konnten – orthodoxen Juden, für die die Revolution und die Bolschewiki ein *böser Blick waren*, weil sie „alle Geschäfte ruiniert" hatten. Die kleinen Läden ermöglichten ihren Besitzern kaum das Überleben; außerdem waren sie ständig der Gefahr von Tscheka-Überfällen ausgesetzt, bei denen die Vorräte enteignet wurden. Das Aussehen dieser Läden rechtfertigte nicht die Annahme, dass die Regierung es für lohnend halten würde, sie zu überfallen. "Würde die Tscheka nicht lieber die Waren der großen Delikatessen- und Obstläden am Kreschatik beschlagnahmen?", fragte ich einen alten jüdischen Ladenbesitzer. "Keineswegs", antwortete er. "Diese Läden sind immun, weil sie hohe Steuern zahlen."

Am Morgen nach dem Bankett ging ich zu dem kleinen Lebensmittelladen, in dem ich immer meine Einkäufe erledigte. Der Laden war geschlossen, und ich war überrascht, dass keiner der kleinen Läden in der Nähe geöffnet hatte. Zwei Tage später erfuhr ich, dass alle Läden am Vorabend des Banketts überfallen worden waren, um die ausländischen Delegierten zu bewirten. Ich nahm mir vor, nie wieder an einem bolschewistischen Bankett teilzunehmen.

Unter den Mitgliedern der *Kulturliga* traf ich einen Mann, der in Amerika gelebt hatte, nun aber seit mehreren Jahren mit seiner Familie in Kiew war. Sein Haus erwies sich während meines Aufenthalts im Süden als eines der gastfreundlichsten, und da er viele Besucher aus verschiedenen sozialen Schichten hatte, konnte ich viele Informationen über die jüngste Geschichte der Ukraine sammeln. Mein Gastgeber war kein Kommunist: Obwohl er dem bolschewistischen Regime kritisch gegenüberstand, war er keineswegs feindselig. Er pflegte zu sagen, der Hauptfehler der Bolschewiki sei ihr Mangel an psychologischer Wahrnehmung. Er behauptete, keine Regierung habe in der Ukraine jemals so große Chancen gehabt wie die Kommunisten. Das Volk hatte unter den verschiedenen Besetzungen so sehr gelitten und wurde von jedem neuen Regime so unterdrückt, dass es sich freute, als die Bolschewiki in Kiew einmarschierten. Alle hofften, dass sie Erleichterung bringen würden. Aber die Kommunisten zerstörten schnell alle Illusionen. Innerhalb weniger Monate erwiesen sie sich als völlig unfähig, die Angelegenheiten der Stadt zu regeln; Ihre Methoden brachten das Volk gegen sich auf, und der Terrorismus der Tscheka trieb sogar die Freunde der Kommunisten in bittere Feindschaft. Niemand hatte Einwände gegen die Verstaatlichung der Industrie, und man erwartete natürlich, dass die Bolschewiki enteignen würden. Aber als die Bourgeoisie von ihrem Besitz befreit worden war, stellte sich heraus, dass nur die Plünderer profitiert hatten. Weder das Volk als Ganzes noch die proletarische Klasse gewannen etwas. Wertvoller Schmuck, Silberwaren, Pelze, praktisch der gesamte

Reichtum Kiews schienen zu verschwinden und man hörte nichts mehr von ihm. Später stolzierten Mitglieder der Tscheka mit ihren Frauen in den Prachtgewändern der Bourgeoisie durch die Straßen. Wenn private Geschäfte geschlossen wurden, wurden die Türen verschlossen und versiegelt und Wachen aufgestellt. Aber innerhalb weniger Wochen waren die Geschäfte leer. Diese Art der „Verwaltung" und die zahlreichen neuen Gesetze und Erlasse, die sich oft gegenseitig widersprachen, dienten der Tscheka als Vorwand, die Bürger zu terrorisieren und zu bestrafen, und weckten allgemeinen Hass gegen die Bolschewiki. Das Volk hatte sich gegen Petlura, Denikin und die Polen gewandt. Es empfing die Bolschewiki mit offenen Armen. Doch diese enttäuschten es ebenso wie die ersten.

"Jetzt, da wir uns an die Situation gewöhnt haben", sagte mein Gastgeber, "treiben wir einfach weiter und kommen zurecht, so gut wir können." Aber er fand es schade, dass die Bolschewiki eine so große Chance verspielt hatten. Sie waren nicht in der Lage, das Vertrauen des Volkes zu gewinnen und in konstruktive Bahnen zu lenken. Die Bolschewiki hatten es nicht nur versäumt, die großen Industrien zu betreiben, sie hatten auch die kleinen *Kustarnaja*- Arbeiten zerstört. In der Provinz Kiew zum Beispiel hatte es Tausende von Handwerkern gegeben; die meisten von ihnen hatten allein gearbeitet, ohne jemanden auszubeuten. Sie waren unabhängige Produzenten, die einen bestimmten Bedarf der Gemeinschaft deckten. Die Bolschewiki setzten in ihrem rücksichtslosen Plan der Verstaatlichung diese Bemühungen aus, ohne sie durch irgendetwas anderes ersetzen zu können. Sie hatten weder den Arbeitern noch den Bauern etwas zu geben. Das Stadtproletariat stand vor der Alternative, in der Stadt zu verhungern oder aufs Land zurückzukehren. Natürlich zogen sie Letzteres vor. Diejenigen, die nicht aufs Land konnten, trieben Handel und kauften und verkauften beispielsweise Schmuck. Praktisch jeder in Russland war zum Kaufmann geworden, die bolschewistische Regierung ebenso wie private Spekulanten. „Sie haben keine Ahnung von der Menge der illegalen Geschäfte, die von Beamten in sowjetischen Institutionen betrieben werden", informierte mich mein Gastgeber; „und auch die Armee ist davon nicht verschont geblieben. Mein Neffe, ein Offizier der Roten Armee, ein Kommunist, ist gerade von der polnischen Front zurückgekehrt. Er kann Ihnen von diesen Praktiken in der Armee erzählen."

Ich war besonders erpicht darauf, mit dem jungen Offizier zu sprechen. Auf meinen Reisen hatte ich viele Soldaten getroffen und festgestellt, dass die meisten von ihnen die alte Sklavenpsychologie beibehalten hatten und sich der militärischen Disziplin absolut unterwarfen. Einige jedoch waren sehr wach und konnten klar erkennen, was um sie herum geschah. Ein gewisser kleiner Teil der Roten Armee wurde durch die Revolution völlig verwandelt. Sie war ein Beweis für die Entstehung neuen Lebens und neuer Formen, die

Russland trotz der bolschewistischen Tyrannei und Unterdrückung vom Rest der Welt unterschied. Für diesen Teil hatte die Revolution eine tiefe Bedeutung. Sie sahen in ihr etwas Lebenswichtiges, das selbst die täglichen Dekrete nicht in die enge kommunistische Form pressen konnten. Ihre Haltung und allgemeine Meinung war, dass die Bolschewiki dem Volk nicht treu geblieben waren. Sie sahen den kommunistischen Staat auf Kosten der Revolution wachsen, und einige von ihnen gingen sogar so weit, die Meinung zu äußern, die Bolschewiki seien zu Feinden der Revolution geworden. Aber sie alle hatten das Gefühl, dass sie vorerst nichts tun konnten. Sie waren entschlossen, zuerst die ausländischen Feinde zu beseitigen. „Dann", sagten sie, „werden wir dem Feind zu Hause gegenübertreten."

Der Rotarmistenoffizier erwies sich als ein gutaussehender junger Mann, der es mit allem Ernst meinte. Anfangs war er nicht geneigt zu reden, aber im Laufe des Abends wurde er weniger verlegen und brachte seine Gefühle frei zum Ausdruck. Er habe an der Front viel Korruption erlebt, sagte er. Aber noch schlimmer sei es in der Versorgungsbasis, wo er einige Zeit Dienst getan hatte. Die Männer an der Front waren praktisch ohne Kleidung oder Schuhe. Die Nahrung war unzureichend und die Armee wurde von Typhus und Cholera heimgesucht. Doch der Geist der Männer war wunderbar. Sie kämpften tapfer und enthusiastisch, weil sie an ihr Ideal eines freien Russlands glaubten. Aber während sie für die große Sache kämpften und starben, saßen die höheren Offiziere, die sogenannten *Towaristschi* , in sicherem Rückzug, tranken und spielten und wurden durch Spekulation reich. Die an der Front so dringend benötigten Vorräte wurden zu sagenhaften Preisen an Spekulanten verkauft.

Der junge Offizier war durch die Situation so entmutigt, dass er an Selbstmord dachte. Doch nun war er entschlossen, an die Front zurückzukehren. „Ich werde zurückgehen und meinen Kameraden erzählen, was ich gesehen habe", sagte er. „Unsere eigentliche Arbeit wird beginnen, wenn wir die ausländische Invasion abgewehrt haben. Dann werden wir uns um diejenigen kümmern, die die Revolution verscherbeln."

Ich war der Meinung, dass es keinen Grund zur Verzweiflung gab, solange Russland über einen solchen Geist verfügte.

Als ich in mein Zimmer zurückkehrte, wartete unsere Sekretärin darauf, mir von ihrem wertvollen Fund zu berichten. Es handelte sich um wertvolles Denikin-Material, das in der Stadtbibliothek gestapelt und anscheinend von allen vergessen worden war. Die Bibliothekarin, eine eifrige ukrainische Nationalistin, verweigerte dem „Russischen" Museum die Genehmigung, das Material anzunehmen, obwohl es für Kiew nutzlos war, buchstäblich in einer dunklen Ecke vergraben und der Gefahr und dem Verderben ausgesetzt. Wir beschlossen, uns an das Bildungsministerium zu wenden und das

„amerikanische Amulett" anzuwenden. Es wurde zu einem Dauerwitz unter den Expeditionsmitgliedern, in schwierigen Situationen auf das „Amulett" zurückzugreifen. In solchen Fällen wurden Alexander Berkman und ich immer als die „Amerikaner" bezeichnet.

Es bedurfte einiger Überredungsarbeit, um den Vorsitzenden für die Sache zu interessieren. Er weigerte sich hartnäckig, bis ich ihn schließlich fragte: „Wollen Sie, dass in Amerika bekannt wird, dass Sie wertvolles historisches Material lieber in Kiew verrotten lassen, als es dem Petrograder Museum zu überlassen, das mit Sicherheit zu einem Weltzentrum für das Studium der russischen Revolution werden wird und in dem die Ukraine eine so wichtige Rolle spielen wird?" Schließlich erteilte der Vorsitzende den erforderlichen Befehl und unsere Expedition nahm das Material in Besitz, zur großen Freude unseres Sekretärs, für den das Museum das wichtigste Interesse im Leben darstellte.

Am Nachmittag desselben Tages bekam ich Besuch von einer Anarchistin, die von einem jungen Bauernmädchen begleitet wurde, das vertraulich als Machnos Frau vorgestellt wurde. Mir blieb einen Moment das Herz stehen: Die Anwesenheit dieses Mädchens in Kiew bedeutete den sicheren Tod, wenn sie von den Bolschewisten entdeckt würde. Es war auch eine große Gefahr für meinen Vermieter und seine Familie, denn im kommunistischen Russland hatte es oft schlimme Folgen, einem Mitglied der Machno- *Partei Unterschlupf zu gewähren – wenn auch unabsichtlich* . Ich war überrascht über die Rücksichtslosigkeit der jungen Frau, die sich so direkt in die Fänge des Feindes begab. Aber sie erklärte, Machno sei entschlossen, uns zu erreichen; er würde die Botschaft niemand anderem anvertrauen, und deshalb habe sie sich freiwillig gemeldet. Es war offensichtlich, dass die Gefahr für sie jeden Schrecken verloren hatte. „Wir leben seit Jahren in ständiger Gefahr", sagte sie schlicht.

Ohne ihre Verkleidung enthüllte sie eine große Schönheit. Sie war eine 25-jährige Frau mit üppigem, pechschwarzem Haar von auffallendem Glanz. „Nestor hatte gehofft, dass Sie und Alexander Berkman es schaffen würden zu kommen, aber er wartete vergebens", begann sie. „Jetzt hat er mich geschickt, um Ihnen von dem Kampf zu erzählen, den er führt, und er hofft, dass Sie seine Absichten der Außenwelt bekannt machen." Bis spät in die Nacht erzählte sie die Geschichte von Machno, die in allen wichtigen Punkten mit der übereinstimmte, die uns die beiden ukrainischen Besucher in Petrograd erzählten. Sie sprach über die Methoden, die die Bolschewisten anwandten, um Machno zu eliminieren, und die Vereinbarungen, die sie wiederholt mit ihm getroffen hatten, von denen jede einzelne von den Kommunisten gebrochen wurde, sobald die unmittelbare Gefahr durch Invasoren vorüber war. Sie sprach von der grausamen Verfolgung der Mitglieder der Machno-Armee und von den zahlreichen Versuchen der

Bolschewisten, Nestor in die Falle zu locken und zu töten. Als dies scheiterte, ermordeten die Bolschewisten seinen Bruder und vernichteten ihre eigene Familie, einschließlich ihres Vaters und Bruders. Sie lobte die revolutionäre Hingabe, den Heldenmut und die Ausdauer der *Powstantsi* angesichts größter Schwierigkeiten und unterhielt uns mit den Legenden, die die Bauern über die Persönlichkeit Machnos gesponnen hatten. So entstand beispielsweise unter den Landbewohnern der Glaube, Machno sei unverwundbar, weil er in all den Kriegsjahren nie verwundet worden sei, obwohl er jeden Angriff stets persönlich anführte.

Sie war eine gute Gesprächspartnerin, und ihre tragische Geschichte wurde durch fröhliche humorvolle Einlagen aufgelockert. Sie erzählte viele Anekdoten über die Heldentaten Machnos. Einmal hatte er in einem vom Feind besetzten Dorf eine Hochzeit feiern lassen. Es war ein festliches Ereignis, zu dem alle erschienen. Während die Leute auf dem Marktplatz feierten und die Soldaten der Versuchung des Alkohols erlagen, umzingelten Machnos Männer das Dorf und schlugen die dort stationierten überlegenen Truppen mit Leichtigkeit in die Flucht. Nach der Einnahme einer Stadt zwang Machno die reichen Bauern, die *Kulaki* , stets, ihren Überschuss abzugeben, der dann unter den Armen aufgeteilt wurde, wobei Machno einen Anteil für seine Armee behielt. Dann berief er die Dorfbewohner zu einer Versammlung ein, sprach zu ihnen über die Ziele der *Powstantsi*- Bewegung und verteilte seine Literatur.

Bis spät in die Nacht erzählte die junge Frau die Geschichte von Machno und *der Machnowschtschina* . Ihre Stimme, die sie wegen der Gefahr der Situation leise hielt, war voll und weich, ihre Augen glänzten vor der Intensität der Emotionen. „Nestor möchte, dass Sie den Genossen Amerikas und Europas sagen", schloss sie, „dass er einer von ihnen ist – ein Anarchist, dessen Ziel es ist, die Revolution gegen alle Feinde zu verteidigen. Er versucht, den angeborenen rebellischen Geist des ukrainischen Bauern in organisierte anarchistische Bahnen zu lenken. Er fühlt, dass er dies ohne die Hilfe der Anarchisten Russlands nicht selbst erreichen kann. Er selbst ist völlig mit militärischen Angelegenheiten beschäftigt und hat daher seine Genossen im ganzen Land eingeladen, die Aufklärungsarbeit zu übernehmen. Sein letztendlicher Plan ist, ein kleines Gebiet in der Ukraine in Besitz zu nehmen und dort eine freie Kommune zu gründen. In der Zwischenzeit ist er entschlossen, jede reaktionäre Kraft zu bekämpfen."

Machno war sehr daran interessiert, sich persönlich mit Alexander Berkman und mir zu beraten, und schlug den folgenden Plan vor. Er würde die Einnahme jeder Kleinstadt oder jedes Dorfs zwischen Kiew und Charkow arrangieren, in dem sich unser Wagen gerade befand. Dies würde ohne Gewaltanwendung durchgeführt werden, indem der Ort überraschend eingenommen würde. Die List würde den Anschein erwecken, als wären wir gefangen genommen worden, und den anderen Mitgliedern der Expedition würde Schutz garantiert. Nach unserer Besprechung würde uns freies Geleit zu unserem Wagen gewährt. Dies würde uns gleichzeitig gegen die Bolschewiki absichern, denn der gesamte Plan würde auf militärische Weise durchgeführt werden, ähnlich einem regulären Machno-Überfall. Der Plan versprach ein sehr interessantes Abenteuer und wir warteten sehnsüchtig auf eine Gelegenheit, Machno persönlich zu treffen. Doch wir konnten die anderen Mitglieder der Expedition nicht dem Risiko aussetzen, das ein solches Unterfangen mit sich brachte. Wir beschlossen, das Angebot nicht anzunehmen, in der Hoffnung, dass sich eine andere Gelegenheit ergeben würde, den Anführer der *Powstantsi zu treffen*.

Machnos Frau war Landschullehrerin gewesen; sie verfügte über umfangreiches Wissen und interessierte sich sehr für alle kulturellen Probleme. Sie bombardierte mich mit Fragen über amerikanische Frauen, ob sie wirklich emanzipiert und gleichberechtigt seien. Die junge Frau war mehrere Jahre bei Machno und seiner Armee gewesen, aber sie konnte sich mit der primitiven Haltung ihres Volkes gegenüber Frauen nicht abfinden. Die ukrainische Frau, sagte sie, sei nur ein Objekt der Sexualität und Mutterschaft. Nestor selbst war in dieser Hinsicht keine Ausnahme. War es in Amerika anders? Glaubte die amerikanische Frau an freie Mutterschaft und war sie mit dem Thema Geburtenkontrolle vertraut?

Es war erstaunlich, solche Fragen von einem Bauernmädchen zu hören. Ich fand es höchst bemerkenswert, dass eine Frau, die so weit weg vom Schauplatz des Frauenkampfes um Emanzipation geboren und aufgewachsen war, dennoch so empfänglich für dessen Probleme war. Ich sprach mit dem Mädchen über die Aktivitäten der fortschrittlichen Frauen Amerikas, über ihre Errungenschaften und über die Arbeit, die noch für die Emanzipation der Frauen geleistet werden muss. Ich erwähnte einige der Literatur, die sich mit diesen Themen beschäftigte. Sie hörte gespannt zu. „Ich muss etwas finden, um unseren Bäuerinnen zu helfen. Sie sind einfach Lasttiere", sagte sie.

Früh am nächsten Morgen sahen wir sie sicher aus dem Haus. Am selben Tag, als ich den Anarchistenclub besuchte, wurde ich Zeuge eines eigenartigen Anblicks. Der Club war vor kurzem wiedereröffnet worden, nachdem er von der Tscheka überfallen worden war. Die örtlichen Anarchisten trafen sich in den Clubräumen zum Lernen und für Vorträge; auch anarchistische Literatur war dort erhältlich. Während ich mich mit einigen Freunden unterhielt, bemerkte ich eine Gruppe von Gefangenen, die unten auf der Straße vorbeigingen. Gerade als sie sich dem anarchistischen Hauptquartier näherten, sahen einige von ihnen auf, da ihnen offensichtlich das große Schild über den Clubräumen aufgefallen war. Plötzlich richteten sie sich auf, nahmen ihre Mützen ab, verbeugten sich und gingen weiter. Ich wandte mich an meine Freunde. „Diese Bauern sind wahrscheinlich *Machnowisten*“, sagten sie; „das anarchistische Hauptquartier ist für sie heiliger Bezirk.“ Wie außergewöhnlich die russische Seele, dachte ich und fragte mich, ob eine Gruppe amerikanischer Arbeiter oder Bauern so von einem Ideal durchdrungen sein konnte, dass sie es auf die einfache und bedeutsame Weise zum Ausdruck brachten, wie es die *Machnowisten* taten. Für den Russen ist sein Glaube tatsächlich eine Inspiration.

Unser Aufenthalt in Kiew war reich an vielfältigen Erfahrungen und Eindrücken. Es war eine anstrengende Zeit, in der wir Menschen aus verschiedenen sozialen Schichten trafen und viele wertvolle Informationen und Materialien sammelten. Wir beendeten unseren Besuch mit einer kurzen Fahrt auf dem Fluss Dnjepr, um einige der alten Klöster und Kathedralen zu besichtigen, darunter die berühmten Sophievski- und Vladimir-Klöster. Imposante Gebäude, die während aller revolutionären Veränderungen intakt blieben und deren Innenleben sogar wie zuvor weiterging. In einem der Klöster genossen wir die Gastfreundschaft der Schwestern, die uns mit echtem russischen Tee, Schwarzbrot und Honig verwöhnten. Sie lebten, als wäre in Russland seit 1914 nichts geschehen; es war, als hätten sie die letzten Jahre außerhalb der Welt verbracht. Die Mönche zeigten den Neugierigen weiterhin die heiligen Höhlen der Vladimir-Kathedrale und die Orte, an denen die Heiligen eingemauert worden waren und deren verknöcherte Körper nun ausgestellt waren. Besucher wurden täglich durch die Gewölbe geführt, die begleitenden Priester zeigten die Zellen der berühmten Märtyrer und rezitierten die Biografien der wichtigsten Mitglieder der Heiligen Familie. Einige der erzählten Geschichten waren so wunderbar, dass sie jede menschliche Vorstellung überstiegen und mit jeder Pore heiligen Aberglauben atmeten. Die Rotarmisten in unserer Gruppe schauten die fantastischen Geschichten der Priester eher skeptisch an. Offenbar hatte die Revolution ihren religiösen Geist beeinflusst und eine skeptische Haltung gegenüber Wunderheilern entwickelt.